mãe, por que você trabalha?

mãe, por que você trabalha?

dani junco
FUNDADORA DA B2MAMY

devaneios, dicas e desabafos
de uma mãe que escolheu
trabalhar e **MATERNAR SEM CULPA**

Planeta ESTRATÉGIA

Copyright © Dani Junco, 2023
Copyright © Editora Planeta do Brasil, 2023
Todos os direitos reservados.

Edição: Vanessa Almeida
Preparação: CMP Edições
Revisão: Ana Maria Fiorini e Algo Novo Editorial
Diagramação: Camila Catto
Capa e ilustrações de miolo: Erica France
Ilustração de capa baseada na foto de Paulo Liebert

Dados Internacionais de Catalogação na Publicação (CIP)
Angélica Ilacqua CRB-8/7057

Junco, Dani
    Mãe, por que você trabalha? / Dani Junco. – São Paulo: Planeta do Brasil, 2023.
    128 p.

ISBN 978-85-422-2385-9

1. Mães que trabalham fora 2. Maternidade 3. Culpa 4. Trabalho e família 5. Empreendedorismo I. Título

23-5205   CDD 306.87

Índice para catálogo sistemático:
1. Mães que trabalham fora

Ao escolher este livro, você está apoiando o manejo responsável das florestas do mundo

2023
Todos os direitos desta edição reservados à
Editora Planeta do Brasil Ltda.
Rua Bela Cintra, 986, 4º andar – Consolação
São Paulo – SP – 01415-002
www.planetadelivros.com.br
faleconosco@editoraplaneta.com.br

Todas as mulheres sofrem uma mudança importante na carreira após a maternidade – e o uso do verbo "sofrer" aqui não é força de expressão. Este livro é um convite para você entrar em nossa comunidade e não se sentir sozinha nessa travessia.

ser a mãe dele
mudou tudo.

*Dedicado a Dona Rosalina, Leléo e Ya,
nordestinas que não acreditam no impossível.
Sem vocês, eu, o Lucas
e a B2Mamy não teríamos chance.*

Feche os olhos e ouça a potência da maternidade!

Uma playlist colaborativa das mães da nossa comunidade, com músicas que lembram nossos filhos. Você também pode incluir a sua.

Entre para nossa comunidade!

Seja bem-vinda à comunidade

Vou precisar da sua imaginação de criança, que foi duramente golpeada todas as vezes que pediram para você ser menos, falar menos, gesticular menos, opinar menos, existir menos.

Feche os olhos agora e volte para algum lugar onde você se sentia segura e acolhida. Pode estar sol, e você, descalça, olhando para o horizonte, imaginando seu futuro – talvez como bailarina ou pilota de corrida. É dessa menina destemida que este livro necessita.

Se aconchegue aí e pegue uma xícara (ou aquele copo de requeijão das antigas) de café/chá quentinho. Eu cheguei, você não está mais sozinha.

Deixe eu me apresentar.

Eu sou a Dani Junco, filha da dona Rosalina, uma nordestina que não acredita no impossível e que me forjou assim. Você e eu ainda não estamos conectadas, mas, em breve, estaremos. Sou mãe do Lucas, um caiçarinha de cachos dourados, e madrasta da Milena, que tem os cabelos negros como os meus. Sou notável em desenhar o invisível e dar estrutura e clareza onde impera o caos.

Eu sou fundadora da B2Mamy, uma comunidade multiplataforma que tem como missão formar mães líderes e livres economicamente. Estou responsável pela área comercial, que vende nossos produtos para grandes empresas. Durante esta leitura, caminharemos juntas, e para isso eu quero saber: e você, quem *você* é?

Me conte características sobre você que ninguém pode tirar; coisas que fazem parte da sua essência.
Eu sou:

_____
_____
_____
_____
_____

Agora, conte tudo no que você manda bem.
Eu sou notável em:

_____
_____
_____
_____
_____

Por fim, me diga qual grande sonho que anda por aí, na sua cabeça, e que você precisa realizar na vida.
Eu quero:

_____
_____
_____
_____
_____

Devaneio estruturado

Alguns combinados antes de começarmos:

- **Esteja aberta a diferentes visões.** Sou uma leitora ávida, então vou trazer muitas referências de outros livros, e você vai ver que este será um passeio humano entre emoção, técnica, estrutura e caos.
- Crie um ambiente com silêncio e tranquilidade só seu, a ponto de ser possível ouvir o seu coração pulsar. **Leia com intenção.**
- **Use a caneta**, rabisque o livro ou tenha um caderno ao lado. Confie, vai fazer toda a diferença.
- Tire uma foto do livro e **compartilhe** na sua rede social se vir algo que der um quentinho na barriga ou no peito. Sempre tem alguém passando pelo mesmo momento e que pode se beneficiar disso.
- **Pegue o que funciona e descarte o resto.** Tudo o que escrevo, eu vivi, senti e ressenti. Não é um livro de regras tipo as cinco coisas não-sei-o-que-lá.
- **Deixe a culpa fora da nossa conversa.** Eu não te julgo em nada. Aqui mora o amor.
- **É melhor junto.** Escolha um grupo de cinco amigas e façam juntas os exercícios do livro.
- **Comece, termine e recomece** por onde você quiser. Eu sugeri uma sequência porque o livro precisa ser impresso. Mas não se apegue a ela.

você não está só.
somos metade
da população do mundo
e mães da outra metade.

SUMÁRIO

1. Já acabou, mamãe? — 15
2. A maternidade essencialista — 26
3. A maternidade é uma revolução — 34
4. Empreender ou não, eis a questão — 45
5. Uma autoridade: sorvete de pistache — 56
6. Treinando a mente para não procrastinar — 68
7. Planejando como as *startups* — 80
8. Construindo e nutrindo uma comunidade — 95
9. A história da B2Mamy — 101
10. Cartas abertas — 110
    Conteúdos sugeridos — 124

a culpa
não te deixaria
rica,
bonita ou
mais esperta.
só culpada.

1.
Já acabou, mamãe?
A leoa manca e a culpa

Num dia de desespero e cansaço extremo, postei uma foto vestindo roupa de ginástica e um coque, mostrando o meu colo com a legenda: "Como a Tati Bernardi fala: 'Somos bonitas, mas estamos cansadas'". Inclusive, na minha última reunião de planejamento do ano, pensei: *Meu Deus, como eu ainda não surtei?*

Daí, me lembrei: sim, eu surtei várias vezes. Nanossurtos em choros curtos, sentada no azulejo do banheiro. Uns mais silenciosos, implodindo em mim, e outros gritando com meu filho. Quem é mãe sabe o quanto dói quando o descontrole encosta neles. Tanto que, no dia anterior a essa reunião, havia estourado um não-sei-o-que-lá no meu olho. Foi um microssurto ocular, me pedindo para parar de assistir à vida acontecer e me conectar comigo mesma.

Isso acontece porque estou sempre com a cabeça em diferentes lugares. Este livro foi escrito no meio de uma pandemia mundial, durante a qual as escolas estavam fechadas. Meu filho, Lucas, ainda não estava alfabetizado e havia se tornado especialista em Minecraft, hipnotizado pelas telas. Entre ajudá-lo com as tarefas escolares, trabalhar e me relacionar, ia dormir todos os dias pensando na logística insana de quem cuida de outros e finge que cuida de si mesma. Vivia pensando nos meus exames, já vencidos, e em quando conseguiria refazê-los (você se reconhece aqui?). Sentia que não dava conta de nada e me vi tomada pela **culpa** – e enfiei dez reais no pote da terapia. Porque um livro com a palavra "**mãe**" no título só poderia começar com a culpa.

Eu sei que, como eu, você também já surtou pensando em como criar uma criança feliz, ser feliz, ter um casamento feliz e ainda fazer pão, tocar ukulelê e meditar. Afinal, que mãe nunca teve que se trancar no banheiro e sentar no chão para chorar de mansinho? E as redes sociais toda hora pipocando, na nossa cara, perfeição, filtros e barrigas chapadas com um bebê de três meses no colo não ajudam muito. Sei que temos que ter autorresponsabilidade, mas isso em algum lugar sempre nos abala.

Uma amiga querida, futurista, chamada Ligia Zotini, disse algo que faz muito sentido: "Cada um tem o algoritmo que merece". Eu comecei a perceber que seguia perfis que me faziam mal, que me mantinham o tempo todo no modo comparação, engatilhada e sofrendo. Ao passo que existem muitas contas que produzem um conteúdo que ajuda, aproxima e conforta – ver dicas da maternidade irretocável quando, na sua casa, o nuggets tá lá fritando e o YouTube rodando no volume mais alto só aumenta os níveis de ansiedade.

Uma pesquisa realizada pelas doutoras Tatiana Carvalho e Bruna Moretti Luchesi identificou que 25% das mães tinham sintomas de depressão, 7% apresentavam sintomas de ansiedade, 23%, sintomas de estresse e 39%, sintomas de estresse pós-traumático. Estão entre as principais causas:

- Sobrecarga materna com a falta da rede de apoio;
- Preocupação financeira;

- Preocupação com o casamento, principalmente com o sexo;
- Culpa, que leva as mães a ignorar diagnósticos importantes;
- Pais que não assumem a paternidade – temos 20 milhões de mães solo no Brasil de acordo com o instituto Data Popular.

A sobrecarga é um dos principais fatores. Me dedico a estudar a chamada Economia do Cuidado, que é quando o trabalho de cuidar de alguém não é remunerado. É uma economia invisível e desvalorizada, porque aprendemos que só tem valor aquilo que gera dinheiro diretamente.

A filósofa Simone de Beauvoir disserta sobre as origens da crença de que os serviços domésticos são *naturalmente* femininos, já que na estrutura da sociedade as mulheres estão predestinadas à vida privada, e os homens, à vida pública. Os números refletem o que ela acredita e continuam se repetindo.

De acordo com a Oxfam,[1] mulheres e meninas dedicam, ao longo da vida, 12,5 bilhões de horas ao trabalho de **cuidado não remunerado** – uma contribuição de, pelo menos, 10,8 trilhões de dólares por ano à **economia** global, quase 24 vezes o que fatura o Vale do Silício e suas *startups*. O trabalho de cuidado equivale a 11% do PIB do Brasil.

---

1. OXFAM. **Trabalho de cuidado:** uma questão também econômica. Blog Oxfam Brasil, São Paulo, 2020. Disponível em: https://www.oxfam.org.br/blog/trabalho-de-cuidado-uma-questao-tambem-economica/. Acesso em: 24 abr. 2023.

A real é que muito do que a gente acredita ser a maternidade ideal é uma mentira. Foi algo criado para nos manter sobrecarregadas e caladas. E, enquanto não recusarmos essa ilusão e focarmos no que é verdadeiro, vamos sofrer ainda mais, sem necessidade.

Os piores dias são aqueles em que me sinto culpada de não estar 100% disponível para meu filho. Me dói vê-lo de pés descalços, com os olhinhos lamurientos me espiando no cantinho da porta, como quem pergunta: "Já acabou, mamãe?". E como quem lidera uma revolução, respondo antes que ele diga uma palavra: "Filho, eu ainda nem comecei".

Eu estou sempre em falta em alguma esfera da vida. Com o Lucas não é diferente:

- Não fiz o álbum de recém-nascido nem de mêsversário;
- Não faço as vozes dos bonecos na hora de brincar;
- Mando o livro de matemática no dia que a aula é de português;
- Confundo a data de nascimento dele (é 30 ou 31?);
- Não fui a todas as suas apresentações de dança;
- Faltei em várias reuniões da escola;
- Para ser sincera, faltamos às aulas on-line durante a pandemia toda;
- Passo o dia todo fora pelo menos duas vezes na semana, trabalhando;

- Já escondi doce e fingi que estava dormindo quando ele me chamou;
- Já deixei que se distraísse na frente de uma tela para maratonar uma série;
- Peço besteira no iFood quando estamos só nós dois;
- **Eu amo meu filho, mas nem sempre gosto de estar com ele.**

E por aí vai... Sigo cheia de faltas e falhas. Humana.

Certa vez, fizemos uma viagem para um acampamento em Atibaia. Foi um dia em que resolvi fazer uma pausa, algo só nós dois. Na volta, Lucas me surpreendeu ao dizer: "Mãe, você é muito responsável". "Por que, filho?", eu perguntei. "Porque você não deixa nada de ruim acontecer comigo."

Eu ainda estou parada nessa frase, tentando decifrar sua complexidade. Na hora, senti que ele sabia que eu sempre estaria ao seu lado. **Era como se, para ele, eu fosse uma leoa, ainda que uma leoa manca.**

Muito se fala da tal Síndrome da Impostora, que é um movimento de autossabotagem que leva você a acreditar que não é merecedora de um reconhecimento ou uma oportunidade. Uma pesquisa feita pela Universidade da Geórgia[2] mostrou que 70% das executivas entrevistadas se sentiam uma fraude no trabalho. A síndrome abala a confiança de 75% das mulheres no mercado, de acordo com um outro estudo feito em 2020 pela consultoria

---

2. CLANCE, Pauline Rose; IMES, Suzanne. **The Imposter Phenomenon in High Achieving Women**: Dynamics and Therapeutic Intervention. Geórgia, EUA: Universidade Estadual da Geórgia, 1978.

de gestão KPMG.[3] Entre as setecentas executivas entrevistadas, 56% temiam que as pessoas ao seu redor não acreditassem que elas eram tão capazes quanto o esperado.

Mas eu acho o termo "síndrome" incorreto. Representa um conjunto de sintomas patológicos sem causa específica, como se as mulheres estivessem doentes por se sentirem inseguras. Eu acredito que nos disseram tanto que éramos insuficientes, nos contaram tantas mentiras sobre nossas habilidades e capacidades, que acabamos acreditando e reverberando isso. Para mim, o nome disso não é uma síndrome, é machismo estrutural.

O que eu faço por aqui é me juntar a uma mulherada FODA (não tem palavra melhor que essa, me desculpem), para ver que, sim, é possível e para me inspirar. Busque uma mulher com asas.

> Vivemos tentando equilibrar vários pratos ao mesmo tempo, nos cobrando quando alguns se quebram. Deixe que caiam. Antes eles quebrarem do que você.

Tire os rótulos que o tempo, a sociedade, a vida e, por que não, as gerações, colocaram em você. Para haver mudança, é preciso reconhecer que existem rótulos que não são verdades absolutas, até porque são muitas as pos-

---

3. KPMG Women's Leadership Summit. **Advancing the Future of Women in Business:** The 2022 KPMG Women's Leadership Summit Report. Suíça, 2022.

siblidades de maternidade. Eu já percebi alguns. Quais desses você já viu também:

- Nasce um filho, nasce uma mãe. Eu demorei seis meses para me conectar.
- A mãe tem que estar sempre disponível para a família.
- Toda mulher tem instinto materno (o que significa isso, afinal?).
- Somos naturalmente multitarefas e só nós conseguimos dar conta de tudo.
- Só existe laço real de amor entre mãe e filho se existir amamentação.
- Depois de ser mãe existe um *dress code* específico.
- Alguns lugares não são para mães.
- Uma mulher só é feliz se for mãe.
- Você precisa escolher entre ser mãe e ter uma carreira.
- Mãe e desejo sexual não combinam.

E, para te ajudar a largar essa culpa de vez, bora pro que importa. Seu filho já te fez alguma pergunta que te sacudiu e te acordou do transe em que você estava vivendo? Que te puxou de volta para o presente e te deixou consciente de tudo? Que te fez questionar seu trabalho, sua vida amorosa, sua longevidade, sua vida espiritual, que te chacoalhou de verdade? O meu fez isso. E é por causa dessa pergunta, que estampa a capa deste livro, que estamos juntas agora.

Qual foi a pergunta que ele fez, ou o que ele te falou, que virou seu mundo de ponta-cabeça?

_____
_____
_____
_____
_____

Ah, se você se visse como eu te vejo, minha amiga. Quer saber o que é de verdade? O que não dá a mínima para o que as redes sociais e aqueles filtros inalcançáveis dizem? O que desfaz todos os rótulos estruturais, repetitivos e cheios de vieses, e desnuda as nossas camadas? Ah, se você se visse como eu te vejo, minha amiga.

Siga os passos abaixo:

1. Primeiro, em uma página, desenhe como você se enxerga. Em outra página, chame seu filho, dê lápis de cor e canetinhas, e peça que ele desenhe você.

2. Durante o desenho, peça que seu filho diga o que gosta e o que não gosta em você. Se comprometa a melhorar o que pode e explique o que faz parte de quem você é. Deixe claro que isso não afeta o amor e o respeito que vocês têm um pelo outro, e que juntos podem construir o próprio relacionamento.

Como eu me vejo:

Como meu filho me vê:

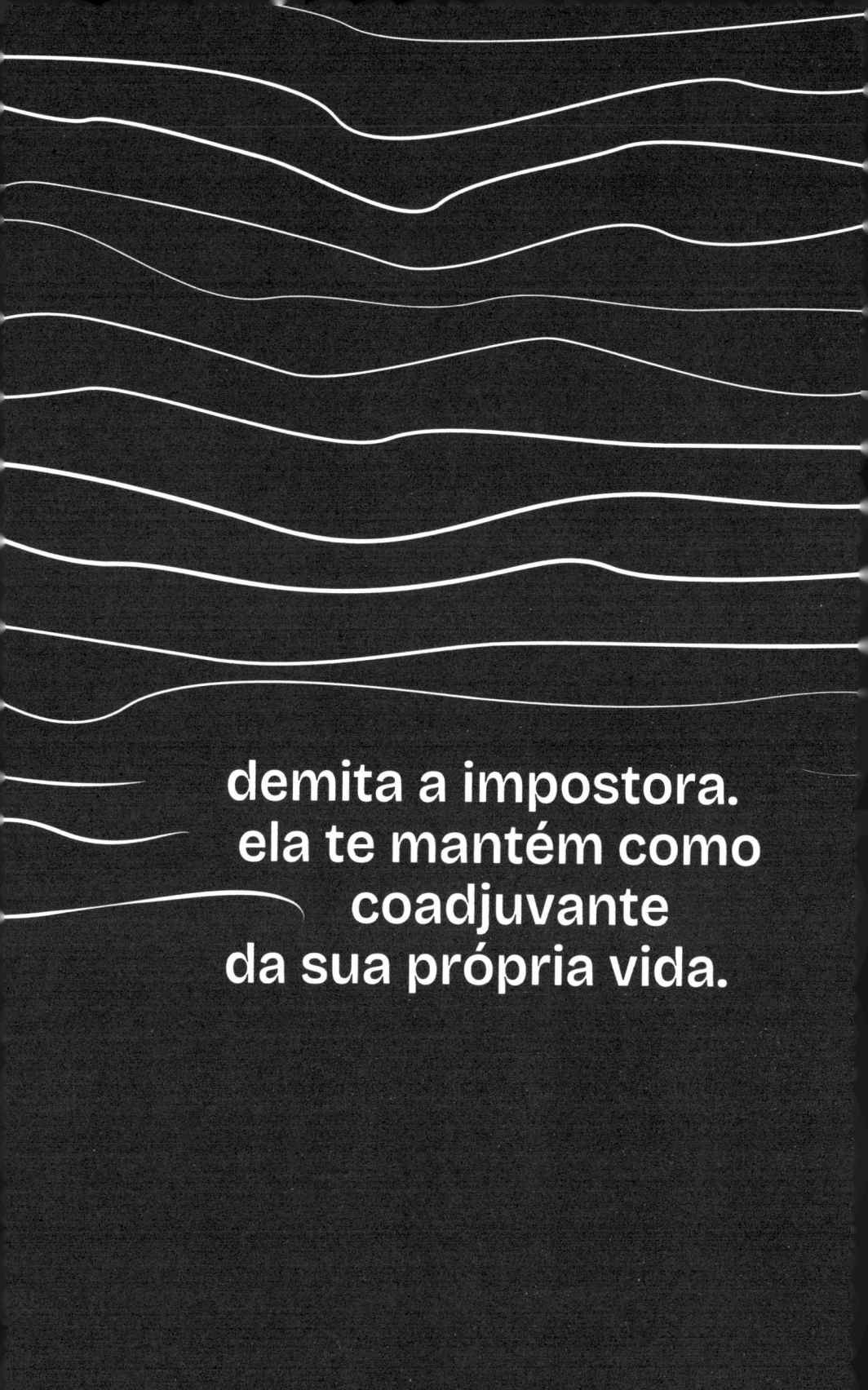

demita a impostora.
ela te mantém como
coadjuvante
da sua própria vida.

2.
A maternidade essencialista

Saber escolher é divino e materno

Na cultura cristã, sempre se negam à mulher o prazer e o descanso.

O dia em que me reconectei comigo mesma foi quando parei de comer o resto da comida do meu filho. Eu ficava de pé ao lado da pia, ia correndo lavar a louça e comia qualquer quantidade de qualquer coisa que sobrasse no prato dele. Por vezes, eu esperava para ver o que sobraria da refeição do Lucas antes de me servir. *Para evitar o desperdício*, eu dizia para mim mesma. Mas estava me enganando.

Repetia um padrão inconsciente vindo da ligação densa, sem muitos limites, entre mim e meu filho, que eu queria manter de qualquer jeito. Nesse dia, quando ele tinha seis anos, eu disse "chega". Olhei para a cena: eu raspando os restos, o prato na mão. Soltei o prato e disse em voz alta (aliás, depois desse dia, aprendi a manifestar diversas outras questões pessoais em voz alta): "Não faz sentido viver de sobras, mesmo de alguém que amo tanto".

De algum jeito, olhei para meu caiçarinha cacheado, que ainda tem aquelas covinhas nas mãos, e algo ficou ali. Olhei para meu filho e vi seus olhos marejados, como quem intuía que ali havia uma despedida. Me emocionei.

Mas entendi que estava escolhendo voltar meu olhar para mim mesma, como se estive me conhecendo pela primeira vez.

O caminho de volta para si mesmo não é fácil, mas é necessário. Como maternar é criar diversos hábitos, e mesmo que seja natural que os filhos mudem de fase, inconscientemente ficamos com saudade da fase anterior. Nesse processo, acabamos perdendo de vista quem somos, o que nós precisamos e quem nossos filhos precisam que a gente seja.

Entendi que precisava começar a priorizar outras atividades. E o maternar, que antes era senhor de todas as coisas, também passou a ser uma tarefa sujeita à análise sobre o que seria feito com excelência no dia. Percebi que a minha angústia de me manter por perto o tempo todo era fruto do que eu lia e ouvia constantemente, principalmente entre mães com filhos menores de seis anos, e por isso me mantinha alerta e vigilante: *tenho medo de ele ficar para trás.*

Somos tomadas constantemente pelo temor de que nossa ausência possa prejudicar nossos filhos. *E se ele ficar para trás?* Nessa volta para mim, comecei a questionar: *fica para trás de quem? Do quê?* Se 85% das profissões que existirão em 2030 ainda não foram criadas,[4] do que temos medo? A ideia do "ficar para trás" está forjada nas grades lineares de estudo, no analógico, focada nas carreiras públicas ou em grandes corporações, ligada aos vestibulares, que cada vez mais perdem o sentido. Não

///////

4. DELL Technologies; IFTF – Institute for the Future. **The Next Era of Human-Machine Partnerships**: Emerging Technologies' Impact on Society & Work in 2030. Round Rock, EUA, 2017.

há razão lógica para se preocupar em alcançar alguma marca de conhecimento se nem sabemos ao certo que tipo de habilidade ou aptidão será valorizado no futuro.

> Seu filho não está para trás. Ele está bem aí do seu lado. Enxergue-o, reduza o ruído entre vocês e monte uma realidade que acomode a todos.

Priorizar é deixar algo para trás, e é por isso que você sente medo de não estar fazendo a escolha certa. Algo que aprendi é que as prioridades não precisam ser verticalizadas, na ordem do que importa mais para o que importa menos. É preciso focar naquilo que é imprescindível, entender quais tarefas (pessoais ou profissionais) precisam, de fato, ser feitas e quais podem ser eliminadas, tornando a execução mais produtiva, objetiva e leve.

Pessoa essencialista é aquela que vê a diferença entre o necessário e o indispensável. Ao dizer "não" às tarefas irrelevantes, você investe toda a sua energia naquilo que é essencial, e seu desempenho vai às alturas.

Há dois tipos de prioridade: a verticalizada e a intencional. Na verticalizada, há uma hierarquia de importância, que vai do que importa mais ao que importa menos. Por exemplo, primeiro viria seu filho, depois cônjuge, parentes, trabalho, estudos, amigos e, por último, você.

A prioridade intencional já funciona de outra maneira, organizando o que precisa de atenção imediata em detrimento do que pode ser feito depois. É sobre entender o cenário, priorizar e estar presente naquilo que se predispôs a fazer, e não se culpar por, teoricamente, fazer falta.

Se você está na rua e sabe que seu filho está num lugar seguro, você foca no que está fazendo, não em ver a câmera da escola. Se você sair com suas amigas, não vai ficar se preocupando com o cônjuge. Se é feriado e você não precisa trabalhar, esqueça o e-mail que você tem que enviar na segunda-feira. E se precisa finalizar o TCC, não se angustie com a refeição que tem que fazer para a família.

==Esteja 100% presente naquilo que decidiu fazer. E não se culpe pelo que teoricamente faltou.==

Uma tarefa muito difícil para as mulheres é dizer NÃO sem se sentir culpada. Fomos programadas para concordar e servir. Tem uma música que chama "Triste, louca ou má", do grupo Francisco, el Hombre, que me deixou muito pensativa em relação a isso. Quando fazemos algo que não é o previsto para o nosso gênero, a sociedade tenta nos encaixar em algum adjetivo para se sentir mais confortável. Se uma mulher diz: "Não quero ser mãe", ela é triste. Se uma informa: "Eu vou fazer algo que ninguém fez ainda", é louca. Se outra diz: "Não", é má. Dizer "não" é visto como um movimento de maldade e indiferença, quando, na verdade, é apenas uma ferramenta de priorização de tarefas e autocuidado.

==*"Não" é uma frase inteira.*==

O autor Greg McKeown, no livro *Essencialismo*,[5] que tem como principal objetivo a busca disciplinada por menos, diz: "O homem é a única máquina que se sente sobrecarregada e subutilizada ao mesmo tempo". Ele atribui isso à nossa ineficiência em escolher batalhas e dizer mais "não".

Pense comigo: o que aconteceria se você pudesse escolher somente uma coisa para dar sua contribuição máxima? Para conseguir alcançar algo que parece impossível, ainda mais para as mulheres que equilibram e rodam muitos pratos, Greg defende a intersecção entre "coisa certa", "razão certa" e "hora certa". Com a imagem a seguir, ajudo você a encontrar essa uma coisa para treinar essa musculatura.

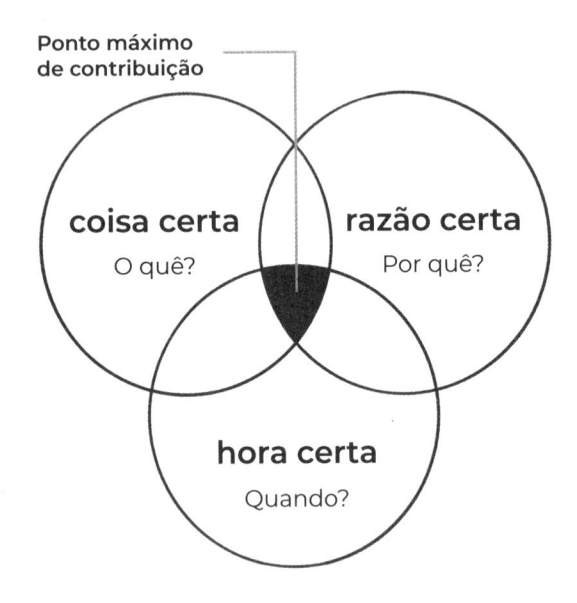

Ponto máximo de contribuição

coisa certa
O quê?

razão certa
Por quê?

hora certa
Quando?

---

5. MCKEOWN, Greg. **Essencialismo**: a disciplinada busca por menos. Tradução: Beatriz Medina. Rio de Janeiro: Sextante, 2015. 272 p.

Responda a este questionário. Se você tiver marcado mais de três "nãos", comece de novo.

1. Você tem clareza dos seus objetivos essenciais?
   ☐ SIM   ☐ NÃO

2. Entende minimamente os riscos envolvidos?
   ☐ SIM   ☐ NÃO

3. Os objetivos estão conectados ao que você quer para si neste momento?
   ☐ SIM   ☐ NÃO

4. É a hora certa, considerando tempo e dinheiro?
   ☐ SIM   ☐ NÃO

5. Você se imagina sem isso nos próximos doze meses?
   ☐ SIM   ☐ NÃO

Dicas finais:

1. **Não elabore o "não"**. Se sentir que tiver que elaborar porque entende que a outra pessoa leva com facilidade tudo para o pessoal, seja sucinta.

2. Se concentre no que vai perder se disser "sim". Pode ser tempo, saúde (física e mental) e dinheiro.

3. Esqueça o custo social. Nada de pirar com o sentimento de que ficou de fora.

4. Separe a decisão do relacionamento pessoal que você tem com a pessoa que te pediu esse algo que

você não quer fazer. Diga: "Eu sei que é importante para você, mas eu não consigo olhar nessa direção agora".

as revoluções
não são gentis.

3.
A maternidade é uma revolução

Revolução significa transformação radical

Se você quer compreender o que está acontecendo na sua vida, é preciso entender as Revoluções Industriais dos últimos séculos. Você vai perceber que a sensação de estar presa em um looping tem menos a ver contigo e mais com a cultura em que estamos inseridas.

Hoje, vivemos na indústria 4.0, uma grande revolução para a qual não fomos preparadas. A internet está transformando o funcionamento das empresas e as relações, sejam elas entre pessoas ou entre pessoas e máquinas. Durante muito tempo, o trabalho era organizado pela dinâmica **comando-controle**, ou seja, uma autoridade te dizia o que fazer para que "tudo ficasse nos trilhos". Só que a internet transformou os trilhos em nuvens. E, agora, a dinâmica **cuidado-confiança** foi estabelecida, baseada na colaboração e cocriação. Coisa que, claramente, ainda não sabemos fazer.

Por que é tão difícil colaborar?

A primeira e a segunda Revoluções Industriais foram marcadas pelo fracionamento do trabalho, dividido em linhas de produção. Havia um ritmo determinado, e cada trabalhador era responsável por uma tarefa isolada (o melhor exemplo disso é o filme *Tempos modernos*, de Charles Chaplin). Esse modelo de produção, conhecido como taylorista/fordista,⁶ foi crucial para a criação da produção em massa. Porém, teve como consequências a individualização do trabalho e a restrição da comunicação, que não só caracterizaram uma era inteira como estruturaram escolas. Estudantes passaram a se formar para o mercado de trabalho taylorista/fordista, tornando-se repetidores sem estímulo para a criação e sem espaço para a comunicação horizontal.

Ou seja, quando você está correndo para responder mil e-mails, participar de trocentas reuniões, preencher planilhas infindáveis sem nem entender seu papel na sua empresa, enquanto precisa pensar na comida do seu filho, saiba que está inserida num modelo de trabalho predeterminado, portanto, qualquer alteração sugerida será vista como um incômodo, não uma oportunidade. Não importa se isso deixaria o trabalho melhor, mais rápido ou mais barato. E, como esse sistema é extremamente vertical e hierarquizado, é claro que você tem medo de perder o seu posto. O medo da escassez nos cala. É por isso que, muitas vezes, quando expressamos algum descontentamento ou desejo de mudança, ouvimos de colegas: "Ah, mas sempre foi feito assim". As inovadoras são vistas como "incomodadoras" (termo que acabei de inventar).

///////

6. O taylorismo é uma teoria da administração, criada pelo americano Frederick Winslow Taylor, cujo principal objetivo é racionalizar o trabalho e aumentar a produtividade. Já o fordismo é um modelo organizador do trabalho desenvolvido por Henry Ford em 1908, sendo um desdobramento do taylorismo ao adicionar a esteira rolante na linha de produção das fábricas, estabelecendo um ritmo de trabalho mais dinâmico.

> **Você foi programada para atuar no automático e participar de um modelo repetitivo e linear.**

A terceira Revolução Industrial foi marcada pelo Toyotismo.[7] Nesse modelo, diferente dos anteriores, o trabalho em grupo é extremamente importante para a melhoria contínua, com cada profissional contribuindo com suas habilidades. Define-se por dois princípios:

- Princípio *just in time* (JIT): consiste em minimizar estoques, produzindo de acordo com a demanda.
- Princípio dos cinco zeros: zero atraso, zero defeitos, zero estoque, zero panes e zero papéis.

Mas e hoje? Estamos na quarta Revolução Industrial, que engloba um amplo sistema de tecnologias avançadas, como robótica, inteligência artificial, internet das coisas e computação em nuvem, as quais estão mudando as formas de produção e os modelos de negócios no Brasil e no mundo. Ela traz a ideia de automação de processos produtivos, ou seja, os humanos vão ser trocados por sistemas automatizados e robôs.[8]

---

7. Foi desenvolvido por Taiichi Ohno, em 1962, na montadora japonesa Toyota.

8. TESSARINI, G.; SALTORATO, P. **Impactos da indústria 4.0 na organização do trabalho**: uma revisão sistemática da literatura. Revista Produção On-line, [S. l.], v. 18, n. 2, p. 743–769, 2018.

Então o cenário é mais ou menos o seguinte: você foi programada, pela escola, para operar no modelo fordista, mas trabalha na quarta Revolução Industrial, baseada em sistemas de colaboração e confiança. Em outras palavras, você *não foi* preparada para essa que chamamos de Nova Economia.

Velha Economia	Nova Economia
Linear	Não linear
Repetitiva	Exponencial
Segmentada	Fragmentada
Previsível	Frágil

Nova Economia é uma expressão que define uma nova lógica de mercado, uma que coloca as necessidades das pessoas no centro e tem a confiança como modelo para testar novas tecnologias.

Para entender melhor, pense no modelo de negócio do Airbnb. Para eles conseguirem validar que as pessoas gostariam de utilizá-los, foi preciso muita flexibilidade de todos os envolvidos. A pessoa abre sua casa para um estranho com a mediação de um aplicativo que diz que isso é seguro e possível. Parando para pensar, parece uma loucura, certo?

Para que coisas disruptivas assim aconteçam, é necessário que os indivíduos envolvidos tenham, como diferencial, um conjunto de habilidades que eram inimagináveis na década passada.

E quais serão as habilidades que precisaremos desenvolver ou aprimorar nesta tal Nova Economia? O que exatamente ela significa? Por onde começar?

Tenho uma excelente notícia sobre a quarta revolução, a Nova Economia e a maternidade: colocar seu filho no currículo te coloca à frente, porque as *Soft Skills* (sobre as quais vamos nos aprofundar daqui a pouco) desenvolvidas desde a gravidez são as mesmas que as empresas estão buscando.

Nos anos 1990, as unidades militares dos Estados Unidos cunharam o termo VUCA (volatilidade, incerteza, complexidade e ambiguidade, em inglês) para se referir ao contexto mundial da Guerra Fria, e, logo depois, no final da década de 1980, o antropólogo e futurista Jamais Cascio trouxe o conceito do mundo BANI (frágil, ansioso, não linear e incompreensível, em inglês). Esses conceitos moldaram o mundo dos negócios que estamos vivendo agora:

1. A mudança é permanente e drástica – não adianta fazer planejamento de cinco anos. Metas não podem ser estanques, e a inovação é a nova ordem.
2. Volatilidade traz incerteza – mesmo sendo especialista e coletando o maior número de dados do seu mercado, como ele se movimenta é incerto.
3. Escolhas te aproximam de algumas pessoas e te afastam de outras – como você se comunica, as pautas que escolhe, sua convicção política, o nome da sua empresa, a cultura organizacional e a forma de contratar: tudo pode atrair uma massa de seguidores e afastar outros tantos.
4. Não existe mais um ponto B claro – um plano em linha reta está fadado ao fracasso. Um plano de ação é executado de maneira não linear.

5. A intuição vale tanto quanto os dados – isso é verdade pela primeira vez na história. Só levantar dados não é suficiente, e, cada vez mais, teremos que discernir fatores determinates de maneira inconsciente, sem depender de raciocínio ou análise.

Você sente que está ficando para trás? E não sabe direito o que está acontecendo? Nem se tem as ferramentas necessárias para se manter competitiva no mercado de trabalho?

Minha amiga, você está vivendo uma revolução, e revoluções não são gentis. Mas eu tenho mais uma excelente notícia: a Nova Economia e as habilidades do feminino, principalmente depois do maternar, têm muito em comum.

O feminino, a maternidade e a revolução 4.0

Com a revolução 4.0 e a Nova Economia, empresas passaram a dar mais valor em processos seletivos e de promoção a cargos de liderança às chamadas *Soft* ou *Human Skills*. Esse conceito é definido por habilidades que facilitam os relacionamentos interpessoais, já que estar em uma empresa é basicamente lidar com pessoas diversas.

As habilidades mais requeridas são:

1. Flexibilidade e inteligência emocional;
2. Capacidade de escuta, criatividade e conclusão de ideias;

3. Gestão de tempo;

4. Dimensão real das dificuldades;

5. Comunicação assertiva para diferentes públicos;

6. Administração de recursos escassos;

7. Resolução de conflitos;

8. Liderar na incerteza e ter resiliência;

9. Transmitir segurança nos momentos de caos;

10. Identificar vieses inconscientes seus e do grupo.

Considerando tudo isso, vai uma mãe aí?

Ao todo, as mulheres brasileiras gastam em média mais de 61 horas por semana em trabalhos não remunerados.[9] O cuidar é visto como um papel obrigatório para as mulheres, e isso se reflete até mesmo no abandono paternal. De acordo com dados da Arpen-Brasil (Associação Nacional dos Registradores de Pessoas Naturais), 320 mil crianças foram registradas sem o nome do pai durante dois anos da pandemia. Isso representa um aumento de 30% quando comparado aos dados de 2019.

Diante disso, e até mesmo entre as famílias com pais presentes, na maioria das vezes, mulheres ficam encarregadas de dar conta de *tudo*: trabalhar fora para sustentar a casa, manter a organização e a limpeza da casa, cuidar da alimentação e da educação da criança, e dar afeto. Para isso, mães são obrigadas a se desdobrar e a desenvolver competências que antes da chegada dos

---

9. IBGE – Instituto Brasileiro de Geografia e Estatística. **Pesquisa Nacional por Amostra de Domicílios Contínua.** Brasília: IPEA, 2019.

filhos eram menos requeridas, como resolver conflitos, ter paciência, ensinar, se planejar, ser ágil e tantas outras habilidades. Todo esse esforço invisível equivale a 11% do PIB brasileiro[10] (mais do que qualquer indústria). O trabalho de cuidados não pagos realizado pelas mulheres equivaleria a 10,8 trilhões de dólares (uma economia 24 vezes maior do que a do Vale do Silício).

Existe a necessidade de lançar um olhar mais humano e compreensivo para a mulher que se torna mãe, para que o equilíbrio entre maternidade e carreira profissional possa potencializar as habilidades já desenvolvidas e modular muitas outras. Em outras palavras, as habilidades maternas podem se resumir a "pensar dez vezes antes", "estar sempre alguns passos à frente", "manter a positividade, enquanto a paciência é testada", "se adaptar facilmente", "liderar com empatia e imparcialidade", "se comunicar com eficiência", "priorizar integridade e honestidade", "estar em constante busca por melhorias", "valorizar a comunicação olho no olho" e "fazer tudo sem esperar nada em troca". Ao criar seu currículo, por que não incluir em "experiências anteriores" funções como motorista, *personal shopper*, professora, chef de cozinha, enfermeira, manicure, lixeira, construtora, segurança particular, costureira, engenheira, tradutora, professora de natação, terapeuta e negociadora?

Para muitas mulheres, essas *soft skills* vêm acompanhadas pelo peso da maternidade, mas esse pode ser

---

10. OXFAM. **Tempo de cuidar**: o trabalho de cuidado não remunerado e mal pago e a crise global da desigualdade. Tradução: Master Language Traduções e Interpretações Ltda. Oxford, Inglaterra, 2020.

um processo de desenvolvimento poderoso para o seu desempenho e destaque no trabalho.

Dito isso, encaminho aqui um CV fictício, mas que poderia ser de qualquer mãe por aí, para apreciação.

Mãe de Dois

Rua dos Bobos, n° 0
+55 (11) 9 9999 9999
mãede2@email.com.br

Objetivo

Busco me reposicionar no mercado de trabalho e aplicar minhas habilidades em administração, liderança e gestão de pessoas.

Formação

PRIMEIRA GESTAÇÃO: ago. 2016 – abr. 2017.
SEGUNDA GESTAÇÃO: nov. 2020 – jul. 2021.
PÓS-GRADUAÇÃO EM MATERNIDADE: ago. 2016 – atualmente.

Experiência

MÃE DE DOIS: abr. 2017 – atualmente.
Algumas das atividades exercidas no cargo: motorista, *personal shopper*, professora, chef de cozinha, enfermeira, manicure, lixeira, construtora, segurança particular, costureira, engenheira, tradutora, professora de natação, terapeuta e negociadora.

Habilidades

Antecipação de cenários positivos e negativos; gerenciamento de crises; boa e rápida adaptação; liderança empática e imparcial; eficiente comunicação interpessoal; honestidade e integridade; em constante busca por melhorias; pró-ativa.

não importa
se você está
em uma empresa
ou quer ter uma.
se você não faz
nada autoral,
sua carreira
está morta.

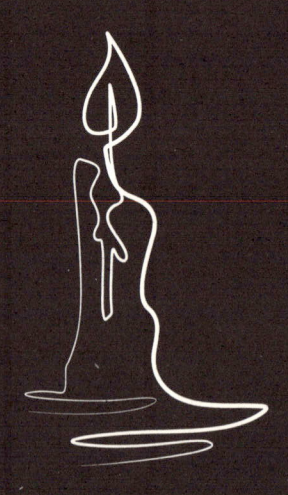

4.
Empreender ou não, eis a questão

Acredite, não é uma escolha binária

Já ouvi algumas vezes: "Dani, depois que a gente vira mãe parece que não se encaixa mais".

Não é questão de se encaixar, é questão de não caber.

A gente passa a transbordar em qualquer atividade que venha a fazer. A maternidade nos mostra que estávamos nos afogando em uma poça rasa.

Quando alguém me diz que eu não vou conseguir, eu avalio: é algo que falariam para quem não tem uma criança? Então eu penso: *eu fiz um cérebro, um fêmur; eu vou conseguir sim*!

Eu sei exatamente a agonia que aparece aí, em seu coração, que no começo você não entende direito o que é. A Fundação Getulio Vargas demonstrou em uma pesquisa que, a cada dez mulheres, quatro saem do mercado de trabalho após a licença maternidade.[11] Na B2Mamy, fizemos um levantamento para entender esse fenômeno social. Eis os principais motivos:

1. Demissão. A empresa demite a mulher durante a gravidez ou logo após seu retorno da licença maternidade.

---

[11]. MACHADO, Cecilia; NETO, V. Pinho. **The Labor Market Consequences of Maternity Leave Policies**: Evidence from Brazil. Rio de Janeiro: FGV (Fundação Getulio Vargas), 2016.

2. Sem rede de apoio, especialmente no caso de mães solo, a mulher não consegue retornar ao trabalho ou então a conta entre o salário que recebe *versus* os custos que tem para sair de casa e trabalhar não fecha, e ela opta por empreender de forma autônoma por necessidade.
3. Não é demitida, mas, ao retornar, a mulher não se encontra mais naquilo que fazia antes, na cultura da empresa, na flexibilidade e autonomia, nas metas e no que deseja para si mesma depois da maternidade, e então busca um novo emprego.
4. Realmente deseja tirar seu sonho de empreender do papel, possui recursos para a transição e inicia uma nova empresa.

==Sem rede de apoio, é tudo muito mais complexo. O privilégio costuma romantizar a jornada.==

Antes de continuarmos, é importante destacar que ter uma rede de apoio efetiva é sua meta. Pode ser a família ou uma rede de apoio paga, como babás, a creche, a escola. Logística é o sobrenome da maternidade. Vou deixar aqui algumas dicas que escuto muito na B2Mamy de como algumas mães fazem dar certo, porque não é como uma receita de bolo, as realidades são plurais demais para isso.

1. Se a rede de apoio for o pai – Entender que ninguém está *ajudando* ninguém e que as tarefas devem ser divididas sem sobrecarga para um dos lados. A não ser parir e amamentar, um homem adulto funcional

consegue fazer tudo o que uma mulher faz (você só precisa aprender a escolher suas batalhas e não pirar porque a roupinha não está combinando).

2. Se a rede de apoio forem outros familiares – Entender horários, locais, deslocamentos e criar uma lista mínima de regras para todos se acomodarem. Avalie se mudar de endereço para facilitar a logística pode ser uma saída viável.

3. Se a rede de apoio for a sua empresa – Ainda é raro no Brasil, mas algumas empresas possuem creches internas que salvam muito. Fazer uma lista dessas empresas e tentar o reposicionamento no mercado também pode ser uma saída.

4. Se a rede de apoio for paga – Organizar seu orçamento, entender e se alinhar ao horário da escolinha ou contratar uma babá é uma alternativa.

5. Se a rede de apoio for uma comunidade, como a iniciativa da B2Mamy e da Casa B2Mamy – Entender como funcionam as regras da comunidade e aproveitar ao máximo as conexões que lugares assim proporcionam.

Quem são as pessoas que você gostaria de agradecer agora por serem sua rede de apoio? Lembre aqui quem são e envie uma mensagem de agradecimento por tudo.

_____

_____

_____

Voltando para sua carreira. Uma coisa maravilhosa da Nova Economia é que você pode se relacionar com a sua carreira de diversas formas e nenhuma decisão está escrita em pedra. A escolha que você fez aos dezessete anos ou a primeira área em que trabalhou não precisam ser para sempre, definitivas. A sua carreira é cíclica, assim como outros movimentos da vida. Pode até parecer, mas a porta não está trancada.

Quem convive comigo percebe muito rápido que estabilidade não é meu lugar favorito. O desafio e até um certo caos me movem para a frente. Preciso do sentimento de que algo maior precisa ser feito.

Mas como dar os primeiros passos e caminhar em novas direções? Em outras palavras, como começar a fazer uma transição de carreira?

Lendo o maravilhoso livro de Glennon Doyle, chamado *Indomável*,[12] percebi que podemos organizar um pré-plano que abre a porta primeiro do lado de dentro, para o que carregamos no nosso interior.

Chave 1 – Sinta tudo | Qualquer sentimento é válido

O truque aqui é sentir tanto que não precise ressentir. Você sabe que se curou quando consegue contar a história sem reviver os sentimentos que ela provocava.

Chave 2 – Pare e descubra | Diminua a distância entre o saber e o fazer

Pare de se debater, de se encolher para caber ou de se esticar para preencher. Quanto mais perto você chega do seu saber, maior a chance de o plano dar certo.

---

12. DOYLE, Glennon. **Indomável**. Tradução: Giu Alonso. Rio de Janeiro: HarperCollins, 2020. 320 p.

Chave 3 – Ouse Imaginar | Se enxergue na linha de chegada

Me permita trazer a fé. Minha mãe diz que, quando se caminha com fé, onde você coloca o pé, Deus coloca o chão. Com fé, sou capaz de desenhar o invisível e cativo a ideia de que há coisas para além de mim mesma.

Isso é importante na hora de pensar também a ciência e a tecnologia, porque só quem tem fé ousa sonhar o que ainda não aconteceu. E o sonho é o ponto de partida para o legado.

Só que tem um grande ponto aqui: como desenhar o invisível se a ordem visível nos encaixota? Se a nossa capacidade de dar estrutura está conectada ao nosso repertório restrito da rotina?

Se você falar com as mesmas pessoas, ler as mesmas coisas e for aos mesmos lugares, não conseguirá ver muito mais do que um palmo à sua frente. Iluminar quilômetros requer movimento e coragem.

Você não aprende a surfar sentada na areia.

Se quiser aprender a surfar, não adianta muito pedir ajuda para as pessoas que estão sentadas na areia, seguras e confortáveis tomando sol. Elas escolheram estar ali e você escolheu algo diferente.

Você precisa falar com o surfista que está no mar. Mas, para chegar até ele, precisa dar umas braçadas e passar a rebentação. Vai ter que se expor, engolir água, tomar uns caldos, cansar, ter câimbra e aí, no caminho, você vai se perguntar como é ficar de pé na prancha.

>Não tem jeito fácil de dizer isso: ninguém virá te salvar.

Ser livre *de* para ser livre *para*

O professor e educador Mario Sergio Cortella tem uma frase muito boa em que diz: "É preciso ser livre *de* para ser livre *para*". Livre da fome, da falta de moradia e do serviço básico de saúde para tomar um risco maior. Como este livro pode encontrar diferentes cenários econômicos e pontos de partida, é importante dizer que correr risco muitas vezes não é uma questão de **coragem**, mas de **recurso**. Então, antes de tudo, considere o que você tem hoje.

O empreendedor ou intraempreendedor precisa lidar com três grandes pontos:

1. Resolver problemas;
2. Recrutar pessoas;
3. Correr riscos.

A decisão de lidar com esses pontos tem muito a ver com a memória afetiva do que aconteceu em nossa infância. Os nossos filhos percebem como nos relacionamos com o nosso trabalho, assim como percebemos o mesmo com os nossos pais. Se estamos o tempo todo chorando e creditando a nossa tristeza ao trabalho e ao dinheiro e nada se altera, vamos construir alguns paradigmas nos imaginários das crianças: "O trabalho é ruim e, além de tirar a minha mãe de mim, faz ela chorar". Por isso, encontrar algo que eu quisesse *muito* fazer ganhou ainda mais sentido com a chegada do meu filho.

No o livro *Vai lá e faz*,[13] Tiago Mattos classifica cinco tipos de empreendedores, considerando também a infância deles. Assinale em qual você acredita que mais se encaixa.

1. Os não empreendedores
Pessoas que trabalham no mundo corporativo ou em órgãos públicos que não têm nenhuma pretensão de sair de um emprego estável, mesmo que seja para desenvolver um plano B.

2. Os intraempreendedores
Pessoas que agem como os donos dentro de uma corporação. Eles têm iniciativa, se destacam dos demais por se envolverem ou criarem novos projetos que não fazem parte da sua função principal.

3. Os ex-empreendedores
Aqueles que empreenderam, mas decidiram voltar ao mercado de trabalho por algum motivo. Provavelmente, abriram mão da autonomia em nome da segurança. Pode ser que estejam numa empresa e se encontrem no grupo dos intraempreendedores.

4. Os pontos de virada
Esse grupo de pessoas acumula experiências em diversas empresas com um objetivo consciente, que martela sempre na cabeça: "Um dia vou ter algo meu e fazer do

---

13. MATTOS, Tiago. **Vai lá e faz**: como empreender na era digital e tirar ideias do papel. Rio Grande do Sul: Belas-Letras, 2017. 320 p.

meu jeito". Estudam empreendedorismo e participam de eventos, sempre buscando a hora certa para dar o seu salto de fé.

5. Os empreendedores desde sempre
Os empreendedores desde que "se reconhecem por gente". São pessoas inconformadas, inquietas, que lideram tudo em que estiverem envolvidas, que mudam e transformam (dando certo ou errado) tudo em que tocam. São as pessoas que não se contentam só em vender o geladinho, então recrutam os irmãos e amigos para revender na rua e estabelecem quem paga quem e quanto.

E se você é de um tipo e gostaria de ser de outro, não tem problema! O mais importante na Nova Economia é saber navegar entre os tipos. Está liberado ser multipotencial, estamos na economia do E e não do Ou. Inclusive, é possível ter duas classificações diferentes. Por exemplo, você pode ser do tipo 2 e investir numa *startup* como conselheira, flertando com o tipo 5.

Sabe o lance de não colocar todos os ovos na mesma cesta? Então.

Gosto de fazer uma analogia: você pode ter várias cestas, mas certifique-se de colocar ovos nelas. Os ovos podem ser diferentes entre si, uns de galinha, uns de pato, outros de avestruz, e, se quiser ser mais inovadora, até ovos de páscoa valem, continuam sendo ovos. Assim, você escolhe atividades com um ciclo de aprendizado mais curto, investe menos tempo e energia e provavelmente ganhará mais dinheiro com possíveis sinergias.

A partir daqui vou te dar mais uma ferramenta para ajudá-la nessa missão. Vou retomar as lições que aprendi no livro *Os quatro compromissos*, de Dom Miguel Ruiz.[14] Leia-as com cuidado e, ao fazer isso, internalize as ideias.

☐ Seja impecável com as suas palavras: diga apenas o que você sabe; evite usar sua palavra para ferir a si ou os outros; use o poder da sua palavra na direção da verdade e do amor.

☐ Não leve nada para o pessoal: o que os outros fazem e dizem são projeções deles mesmos. Quando você está imune à opinião ou ação do outro, não se torna vítima sem necessidade.

☐ Não faça suposições: encontre coragem para perguntar e expressar claramente o que realmente quer ao menor sinal de desentendimento.

☐ Sempre faça o seu melhor: em qualquer situação, sempre faça o seu melhor e evitará o sentimento de culpa, autopunição e arrependimento.

///////

14. RUIZ, Dom Miguel. **Os quatro compromissos**: o livro da filosofia tolteca. Tradução: Luís Fernando Martins Esteves. 29. ed. Rio de Janeiro: Best Seller, 2021. 112 p.

Os dez mandamentos da empreendedora

Empreender ou intraempreender (que nada mais é do que liderar projetos em um CNPJ que não foi você quem criou) requer um DNA comportamental. Não é algo que você aprenderá da noite para o dia, mas sim um músculo que pode ser exercitado. Por isso, resumi aqui dez mandamentos de toda empreendedora. Será que você se reconhece em algum deles?

1. Corra um risco maior do que imagina.
2. Planeje sabendo que vai dar errado e que terá que se recuperar rápido.
3. Goste de pessoas e de números ao mesmo tempo.
4. Pratique a escuta ativa.
5. Entenda que ninguém virá te salvar.
6. Seja resiliente. Tudo muda o tempo todo.
7. Se apaixone pelo problema, e não pela solução com a qual você sonhou.
8. Seja vulnerável. Não tenha medo de se expor, falhar e pedir ajuda.
9. Tenha um plano, mas não se apegue demais a ele. Comece feio, mas comece.
10. Venda e ganhe dinheiro.

quando você sabe quem é, ninguém pode te confundir.

5.
Uma autoridade: sorvete de pistache

Se você não sabe quem é, qualquer carreira serve

Você percebeu que eu me empolguei um pouquinho com a descrição do quinto grupo, os empreendedores desde sempre. Quando a gente se reconhece em algo, é natural que transborde energia. Se reconhecer é se ver novamente e entender o que tem de verdade ali.

Quanto você já se espremeu para caber nas expectativas alheias? Por espremer quero dizer comprimir, oprimir, apertar, podar, fazer caber. Vou dedicar este capítulo para falar sobre trabalho autoral, baseada nas falas do Cortella. Todas as aspas que você vir nesta seção são dele.

"Quando desejo reconhecimento, autoria, mesmo que tenha um nível grande de desgaste, ainda assim, me felicito por fazer o que faço."

Entender que algo foi feito pelas nossas próprias mãos nos confere humanidade. Apenas pagar não é suficiente para quem tomou a pílula vermelha da Matrix e não se encontra mais alienada.

Você pode não querer ser a dona do negócio, mas com certeza quer ter a percepção autoral de quem contribui, e quer entender exatamente quais são as peças do seu quebra-cabeça. Você quer a autoria, pare de fingir.

Entender que você pode fazer algo importante te distancia do medo de ser descartável, substituível, vã.

"Quando as pessoas estão degustando um doce feito por mim, estão me experimentando."

E depois que você entende isso e sai da alienação inconsciente, sinto muito, minha amiga, mas, seja com o seu CNPJ ou dentro de algum outro, você vai desejar loucamente empreender. Este será seu novo estilo de vida.

Você está em transição de carreira, e se expandir é uma revolução. Mas como se destacar em meio a um monte de outras pessoas que podem estar no mesmo nível que você? Tire da cabeça a crença limitante de que "prego que se destaca é martelado". Pra que uma vida morna se você pode brilhar? Bora fazer as pazes de vez com o Ego e acolher o reconhecimento, e deixar a sua marca incomparável aonde quer que vá:

A _____ (seu nome) esteve aqui!

Você já percebeu a quantidade de sobremesas que têm como acompanhamento o sorvete de creme? Já percebeu como o sorvete de creme também recebe esse status de "Ah, leva o de creme que aí não tem erro, a maioria das pessoas gosta". É confortável, acertado, simples, mas nunca protagonista. O sorvete de creme nunca é o destaque no restaurante ou no almoço de família.

Agora pense no sorvete de pistache. Certamente é um risco, porque nem todo mundo vai gostar ou já se arriscou a conhecer esse sabor, nem acompanhando outro doce, porque por si só ele já é uma sobremesa inteira. Muitas vezes não se sabe nem o que diabos é um pistache, onde nasce, se é doce ou salgado (estou até vendo você ir procurar no Google a resposta). Mas aonde eu quero chegar com isso tudo é: desconfortável é ruim? E você já tomou sorvete com quem gosta de pistache? Essa pessoa vai tentar evangelizar você sobre esse sabor, e ainda corre o risco de debochar da sua escolha se esta for, na visão dela, simples demais. Pessoas AMAM pistache ou ODEIAM pistache. É assim que deve ser a sua autoridade, com fãs e haters. Marca que provoca, incomoda e faz refletir sobre uma coisa, contexto ou situação.

Apresento aqui três passos para ajudar você a construir a sua autoridade.

PASSO 1 – Encontre seu Ikigai

O Ikigai é um conceito, filosofia e/ou ferramenta de busca por quem somos, para então fazer o que fazemos. Existem várias teorias sobre a etimologia dessa palavra japonesa e várias convertem para força motriz da vida.

Basicamente, o Ikigai é uma intersecção entre perguntas simples, mas com respostas bem complexas, em que você encontra o equilíbrio entre fazer o que gosta e ganhar dinheiro com isso. Segundo ele, somente assim é possível atingir uma vida plena.

Vamos entender primeiro os conceitos para, juntas, desenharmos o seu Ikigai:

Paixão: aquilo que, ao fazer, te coloca no processo de *flow*:

- Você perde a noção do tempo;
- Você quer fazer de novo quando acaba;
- Você não se distrai;
- O objetivo final não é o mais importante.

Profissão: aquilo que você é pago para fazer. Quanto mais próximo de uma profissão conhecida por quem irá contratar seu serviço, melhor.

Missão ou Causa justa: o legado que você quer deixar.

Vocação: algo que você sabe naturalmente fazer e aperfeiçoa facilmente suas habilidades naquilo.

Trouxe aqui o meu Ikigai para você ter como exemplo.

Ikigai da Dani Junco

Paixão: Mães líderes economicamente para tomarem decisões conscientes.

Profissão: Professora.

Missão ou Causa justa: Manter as mulheres unidas e em movimento.

Vocação: Liderar comunidades para alcançar um objetivo comum.

Agora é a sua vez de encontrar o seu.

Ikigai da _____

Paixão: _____

Profissão: _____

Missão ou Causa justa: _____

Vocação: _____

PASSO 2 – Encontre seu Propósito Massivo Transformador

Segundo Salim Ismail, fundador da Singularity University, empresas exponenciais como Google, Uber e Netflix possuem onze atributos comuns de crescimento. Ter um Propósito Massivo Transformador é um deles.

ATRIBUTOS DAS ORGANIZAÇÕES EXPONENCIAIS
MTP
Propósito Transformador Massivo
(Massive Transformative Purpose)

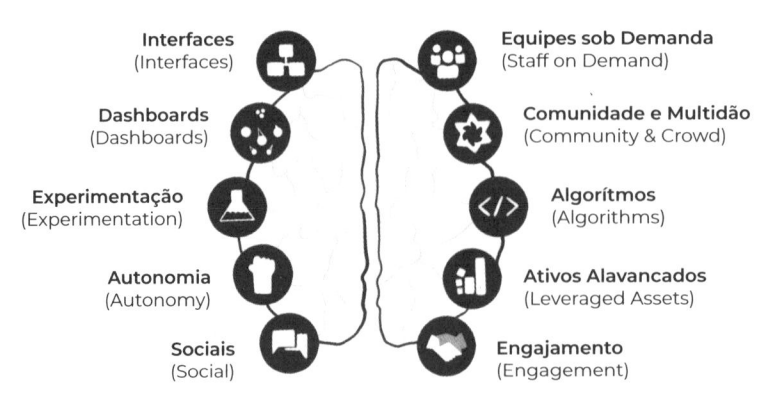

- Interfaces (Interfaces)
- Dashboards (Dashboards)
- Experimentação (Experimentation)
- Autonomia (Autonomy)
- Sociais (Social)

- Equipes sob Demanda (Staff on Demand)
- Comunidade e Multidão (Community & Crowd)
- Algorítmos (Algorithms)
- Ativos Alavancados (Leveraged Assets)
- Engajamento (Engagement)

[Ordem, Controle, Estabilidade]   [Criatividade, Crescimento, Incerteza]
[Equilíbrio]

Fonte: ISMAIL, Salim; MALONE, Michael S.; GEEST, Yuri Van. **Exponential organizations**. Why New Organizations Are Ten Times Better, Faster, and Cheaper Than Yours (and What to Do About It) (2014).

> O Propósito Massivo Transformador não é uma declaração de missão, mas uma mudança cultural que move a equipe interna para o impacto externo. A maioria das grandes empresas contemporâneas está focada internamente e, muitas vezes, perde o contato com seu mercado e seus clientes. [15]

Ismail defende como principal pilar o olhar centrado no cliente para empresas que decidam crescer de maneira exponencial, ou seja, crescer muito e rapidamente em relação aos seus pares no mesmo segmento econômico.

> **Quem não nasce para servir, não serve para empreender.**

Para sonhar e realizar em proporções impactantes, só decisões de negócios não bastam. É necessário entender o porquê de estar realizando aquilo, e quais vidas estão sendo impactadas. É preciso ter um motivo audaciosamente grande, capaz de causar transformações significativas para uma comunidade.

Se você torce o nariz quando ouve a palavra "propósito" no mundo dos negócios, saiba que essa é uma visão míope que vem da Velha Economia. O PTM orienta a cultura organizacional e te fará:

1. Saber o motivo do seu movimento e construir uma comunidade apaixonada e leal.

---

15. ISMAIL, Salim; MALONE, Michael S.; GEEST, Yuri Van. **Organizações exponenciais**: por que elas são 10 vezes melhores, mais rápidas e mais baratas que a sua (e o que fazer a respeito). Rio de Janeiro: Alta Books, 2019. 288 p.

Aqui na B2Mamy, ouvimos constantemente a nossa comunidade, entendendo suas necessidades e atendendo aos pedidos possíveis.

2. Buscar sempre um oceano mais azul.

Sempre que alguma empresa começa a copiar a B2Mamy (o que faz parte de ser pioneira no mundo dos negócios), ela está copiando algo que já está no nosso passado. Estamos sempre estudando novos modelos que ainda poucas pessoas ousaram validar.

3. Criar um ambiente seguro psicologicamente para a equipe.

Nós nos organizamos em um formato horizontal, com líderes que são treinados para escutar e validar opiniões, de forma que o nosso time está sempre no centro. Não há espaço para medo. Sabemos que o que acontece na empresa, levamos para casa e para nossos filhos, portanto, temos cuidado com isso. Acertamos e erramos, mas a saúde de quem trabalho conosco é prioridade.

O PTM é a sua bússola para você não perder o foco.

Alguns exemplos de PTM
Google – Organizar toda a informação do mundo.
TED Talk – Encontrar ideias que merecem ser disseminadas.
B2Mamy – Tornar as mães líderes e livres economicamente.

Outro conceito que pode ajudar é o Círculo de Ouro, de Simon Sinek.

Repare que, na figura a seguir, o **Porquê** está relacionado ao sistema límbico do cérebro, que é o responsável pelas emoções e comportamentos sociais. Logo, ativar esse sistema antes do neocórtex, que é responsável pelo lado mais racional, causa uma conexão maior com as pessoas. É sempre sobre pessoas e como tornar a vida delas melhor (ou, pelo menos, deveria ser).

CÍRCULO DE OURO + CÉREBRO HUMANO

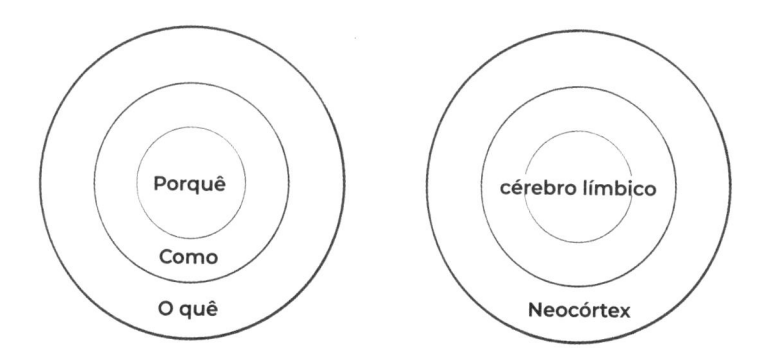

```
    Porquê              cérebro límbico
    Como
    O quê               Neocórtex
```

Exemplo da utilização do Círculo de Ouro na Natura:

Porquê: Somos apaixonados pela cosmética e pelas relações.

Como: Expressamos nossa paixão promovendo o bem-estar das pessoas consigo mesmas e com os outros.

O quê: Através de fragrâncias, texturas e composições dos nossos produtos de beleza e higiene pessoal.

Agora é a sua vez.

Exemplo da utilização do Círculo de Ouro da _____

Porquê: _____

Como: _____

O quê: _____

Outras perguntas que também ajudam a encontrar seu PTM:

- De quem é a vida que você deseja impactar?
- Quais são os principais desafios que essa pessoa encontra? Existem mais pessoas iguais a essa? Quantas?
- Em qual atividade você se sente muito produtiva, curiosa e focada?
- Existem outras pessoas ganhando dinheiro com isso hoje? Faça uma lista e entenda *como* elas fazem isso (preços, processos, canais de distribuição, narrativa da marca).

PASSO 3 – Encontre sua especialidade

Tiger Woods é o melhor jogador de golfe do mundo, mas é só com uma tacada especial que ele decide os jogos. As outras, muitas vezes, ele acerta e erra tanto quanto os outros jogadores. Adivinhe qual ele treina mais? Isso mesmo: a sua tacada especial, a que só ele sabe fazer, na qual ele é especialista. As outras ele treina também, para se virar se precisar, mas menos.

Durante muito tempo, fomos encorajadas a melhorar as nossas fraquezas. Na escola, queremos que nossos filhos tirem todas as notas boas desde português até física, ignorando treinar mais a sua tacada especial. Ser uma generalista vai te ajudar a se virar bem, mas dificilmente vai te destacar tanto quanto se você encontrar uma especialidade, um nicho, uma autoridade e criar uma narrativa.

> **Ou você tem um produto que serve para qualquer tipo de público, ou você tem um público e desenvolve vários produtos e serviços para ele.**

Para a sua carreira ou empresa, encontrar a sua especialidade diminui o número de concorrentes e agiliza a decisão de compra de um cliente. Quando eu empreendi pela primeira vez, em 2010, decidi, porque minhas formações eram em farmácia e marketing, ter uma agência de marketing farmacêutico e me dedicar 100% ao segmento da indústria farmacêutica. No começo fui pegando o que chegava, mas depois percebi que focar me fez fechar mais contratos. Em 2015 já éramos uma agência premiada no setor, e era muito difícil ganhar de nós quando entrávamos na briga por um portfólio chancelado. "Chame as meninas da Injoy porque elas são especialistas", era o que diziam.

A sua audiência são *leads* (pessoas que têm um interesse inicial por você) importantes para seu negócio ou carreira. Para que possa te reconhecer e depois amplificar a sua voz, essa audiência primeiro precisa entender e gostar de você. Porque, no fim, só o que interessa é o que falam da gente quando não estamos na sala.

Nisso, autoridade combina alguns atributos:

1. Coerência: Defina qual é o seu conteúdo base.

Qual é o assunto que você irá dominar e repetir em todos os canais em que se comunica? Dessa base podem sair várias intersecções, mas é importante que tenham conexões em comum.

2. **Constância:** Para manter a sua autoridade viva, você precisa se manter presente nas plataformas pelas quais circula.

   Sinto dizer isso, mas a máxima "quem não é visto não é lembrado" é verdade. Só que faça uma presença seletiva, indo em fóruns e palcos alinhados com seu conteúdo base.

3. **Consistência:** Como você ou sua marca se comportam não pode variar muito.

   Se seu tom é provocador e sarcástico, não mude por conta do palco em que está. Adaptar é preciso, mas lembre-se do que as pessoas esperam você.

   O maior problema que uma empresa ou marca pessoal podem enfrentar é a falta de confiança. E confiar é esperar que o outro faça a parte dele na hora certa.

A sua reputação importa e precisa, além de tudo, ser genuína e servir à sua audiência. Para isso, é preciso coerência, constância e consistência.

empreender
e maternar
é como ser
a técnica
de um jogo
infinito.
um estado
permanente
de presença.

6. Treinando a mente para não procrastinar

Assumindo a direção do meu carro

Empreender é um jogo infinito, não tem ninguém apitando no fim para dizer quem venceu ou quem perdeu. É mais sobre o caminho do que sobre o destino final. É muito mais sobre colocar no mundo algo que irá sobreviver mesmo se você não estiver mais aqui. Não é uma corrida de 100 metros, é uma maratona, muitas vezes injusta.

E quando você é mãe ou está dividindo a sua atenção com os cuidados da casa, da família e de você mesma, o tempo é o fator mais importante que temos. Se trocar a palavra "tempo" pela palavra "vida", vai entender o quanto ele é precioso.

A tal liberdade de não ter um chefe dizendo quando eu preciso acordar, que horas tenho que entrar, quanto eu devo receber pelo trabalho pode ser, na verdade, uma prisão. Que dicotomia, né? Mas, se não romantizo a maternidade, quem dirá o trabalho. Você se sentirá inerte, estanque, insuficiente, paralisada, sem movimento ou evolução, e, por isso, com medo e constantemente ansiosa. Se começou a descompassar o coração por aí, eu entendo, também senti aqui.

Nosso cérebro não está programado para desenvolver atividades sem prazo. Ser cobrado por alguém, saber que dia algo acaba... colocar temporalidade deixa as coisas com mais sentido ao serem feitas e, portanto, mais confortáveis. Ter uma meta pode parecer uma pressão, mas, na verdade, é a melhor coisa que você pode desejar. Saber o ponto B e principalmente que dia ele irá acontecer é um copo de água no deserto da procrastinação.

No dicionário, procrastinar significa transferir para outro dia ou deixar para depois; adiar, delongar, postergar, protrair e sofrer por isso. Se identificou? Todo mundo procrastina algo em alguma parte da vida. Às vezes é começar algo que deseja muito fazer, consertar uma relação quebrada ou a maçaneta da porta que caiu, olhar para a sua saúde e marcar um check-up. Não existe uma fórmula mágica, mas eu me considero uma mulher bem realizadora e vou dividir com você três métodos e algumas dicas que uso para me manter atenta a esse monstrinho da procrastinação que rouba nossa vida. Sim, nossa *vida*, porque cada vez que você não faz o que deseja ou precisa fazer, ela passa e escorre pelos seus dedos. Tive que usar muito essas dicas para produzir este livro e teve dias em que falhei miseravelmente, mas eu sabia por onde recomeçar. Hora de pegar no volante!

1. A lista

Durante 28 dias seguidos, você fará ao menos seis coisas da sua lista. Escolha de acordo com seus recursos financeiros e sua realidade.

Como se preparar para nossa jornada:

- Escolha um caderno ou um calendário só para isso. É importante que não seja digital;
- Escolha ao menos seis tarefas;

- Escreva a lista nele e faça 28 quadradinhos na frente de cada item;
- Conforme for realizando as tarefas, marque o quadradinho com um X.

Não se engane com a simplicidade das tarefas, o grande objetivo é treinar uma atividade repetitiva sem ganho imediato por um número definido de dias. Segue um exemplo da minha lista de tarefas para você se inspirar:

Lista de atividades

1. Arrumar a cama;
2. Passar hidratante, fio dental e protetor solar;
3. Escrever, sem julgamento, logo que acordar ou antes de dormir;
4. Durante meia hora, movimentar meu corpo, onde quer que esteja;
5. Tomar uma garrafa d'água de meio litro ao acordar e antes de dormir;
6. Não acessar as redes sociais antes das nove da manhã nem depois das nove da noite;
7. Ler um capítulo de um livro;
8. Fazer uma afirmação positiva sobre mim, mesmo que não acredite nela;
9. Antes de dormir, tirar quinze minutos para arrumar o que der em casa;
10. Me concentrar na tarefa de escolher o que vou vestir.

Toda hora somos interrompidas. Algumas vezes pelos nossos filhos, mesmo que parecem estar constantemente com fome. Por vezes é a empresa, que quer fazer mais um call de meia hora (que quase sempre poderia ser um e-mail). E assim vamos deixando tarefas inacabadas pelo caminho e ficando com aquele gostinho de frustração na boca. Sugiro aqui algumas técnicas que eu uso para me concentrar melhor, ter mais produtividade e me manter protagonista da minha agenda.

Dica 1 – O poder dos 5 segundos, de Mel Robbins[16]
Antes de realizar qualquer tarefa que você esteja enrolando para começar, feche os olhos e se imagine como um foguete na plataforma de lançamento. Agora, faça uma contagem regressiva de 5 segundos: 5, 4, 3, 2 ,1 e comece a fazer. Como um foguete, você não tem saída a não ser subir, não tem como desligar a força propulsora. Para treinar, escolha um item da lista anterior, faça a contagem e comece.

Dica 2 – A técnica Pomodoro[17]
Pegue um temporizador e marque 25 minutos. Depois, escolha tarefas do trabalho ou da vida que está procrastinando e que acredita que pode resolver nesse tempo. Você não pode olhar seu celular, atender ninguém que te chame nem desviar dessas tarefas. Concentração total. Quando o alarme tocar, você contará cinco minutos de pausa e pode fazer o que quiser nesse período. Repita

---

16. ROBBINS, Mel. **O poder dos 5 segundos**. São Paulo: Astral Cultural, 2019. 272 p.

17. CIRILLO, Francesco. **A técnica Pomodoro**: o sistema de gerenciamento de tempo que transformou o modo como trabalhamos. Tradução: Livia de Almeida. Rio de Janeiro: Editora Sextante, 2019. 152 p.

por mais três vezes, como a imagem a seguir mostra, e veja que muitas vezes é possível terminar a grande maioria das tarefas que você tem ainda pela manhã. Se conseguir, celebre com alguma indulgência, como ver a série que você queria tanto. Se estiver trabalhando e tiver outro projeto, não se sinta culpada por fazer atividades relacionadas a ele.

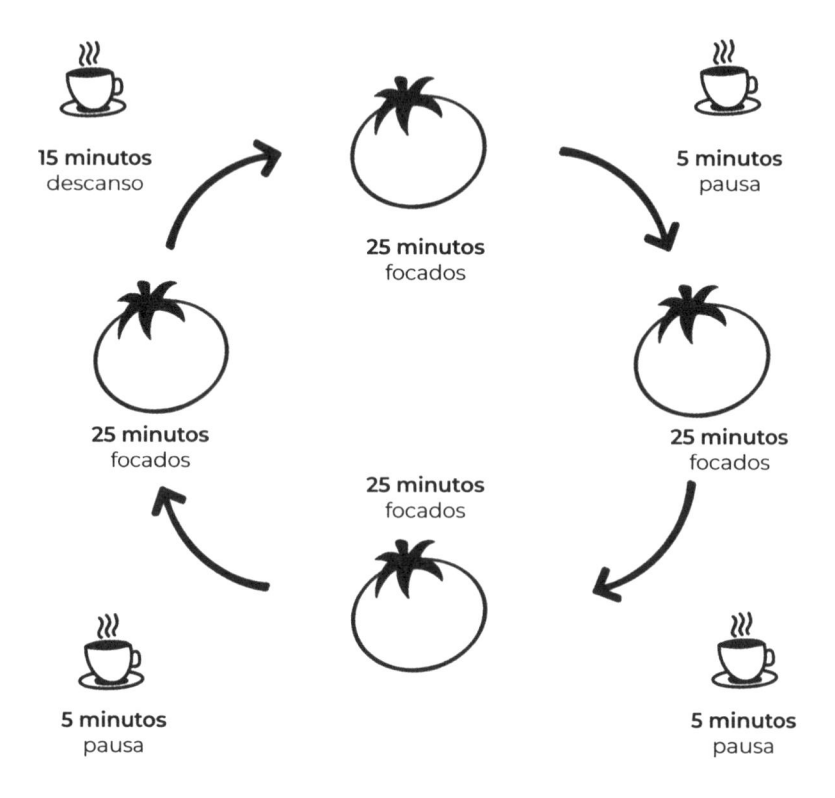

15 minutos descanso

25 minutos focados

5 minutos pausa

25 minutos focados

25 minutos focados

25 minutos focados

5 minutos pausa

5 minutos pausa

2. A carreira imaginária

Responda aqui: se dinheiro não fosse um desafio, que carreira você teria?

_____

_____

Não tente ficar pensando se lucra, paga as contas ou se para de pé. É sobre organizar sua força criativa sem se preocupar com efetividade.

Lembrando que estamos na Nova Economia e muitas carreiras podem conviver juntas, sem prejuízo, se soubermos quem somos e para onde estamos indo.

Dica 1 – A ideia que podia ser minha
Pense em uma empresa que já existe e que você gostaria de ter criado.

Tente entender melhor o porquê de escolher essa empresa de acordo com os itens a seguir. Assinale qual deles mais se aproxima do motivo pelo qual você escolheu essa empresa. O que se destaca? O que chama mais sua atenção?

- O problema que ela resolve;
- O mercado que ela explora;
- O modelo de negócio, ou seja, como ela ganha dinheiro;
- A cultura da empresa com seus clientes e funcionários;
- A forma como ela se comunica na internet;
- O produto ou serviço que ela desenvolveu.

A empresa que você escolheu e seus principais itens são importantes indícios do que você quer para a sua carreira ou para o seu negócio. Não é só inspiração, é porque te lembra do que você gosta de fazer. Depois da maternidade temos tantas novas camadas que é complexo saber do que gostamos. E o interessante é que, se você traçar um paralelo entre essa empresa e onde você trabalha ou empreende hoje, pode encontrar um abismo. Pode ser que more aí a sua angústia e frustração ou a sua felicidade perene.

Ok, acho que você precisa de uma pausa agora.

Dica 2 – O seu TED Talk

O acrônimo TED vem de *Technology, Entertainment and Design*. São ciclos de palestras e encontros em que nomes de referência em diversos campos do conhecimento são convidados a expor suas ideias em até dezoito minutos. Foram criados em 1984, e seu Propósito Massivo Transformador é encontrar ideias que merecem ser disseminadas. Eu fiz o meu TED Talk em 2017, e leva o mesmo nome deste livro. Foi um dos dias mais felizes da minha vida.

Existem várias técnicas para montar uma palestra para o TED Talk, e eu gosto de usar a jornada do herói. Ela nasceu a partir de uma análise mais aprofundada feita por Joseph Campbell, em seu livro *O herói das mil faces*, de 1949. Campbell foi um pesquisador com uma atração pela construção dos mitos, importante ingrediente na composição de uma história.

Praticamente todos os filmes que você assistiu, de *Jogos vorazes* a *O mágico de Oz*, seguem a mesma linha narrativa, e vou te ajudar a construir a sua. Vale a pena buscar e se aprofundar.

> **A caverna em que você tem medo de entrar esconde o tesouro que você busca.**
> – Joseph Campbell

Bora começar. Seu telefone tocou, e é a responsável por selecionar palestrantes para um TED Talk. Ela chegou até você porque muitas pessoas te indicaram como especialista e autoridade em um assunto, e para aprovarem a sua palestra você precisa informar alguns dados.

Vou me usar de exemplo:

TED Talker: Dani Junco.

Foto: A que reforça minha personalidade.

Minibio: Especialista em inovação, marketing e formação de comunidades. Fundadora da B2Mamy, primeira socialtech que conecta mães em comunidade para que sejam líderes e livres economicamente por meio de educação, empregabilidade e pertencimento.

Nome da palestra: Mãe, por que você trabalha?

O que esperar: Um papo descontraído sobre algo sério e que impacta diretamente as mães: a busca por equilíbrio entre maternidade e carreira. Entender como essa é uma jornada pela qual muitas mulheres passam, e que quanto mais cedo estiverem unidas em comunidade, mais fácil será esse reencontro consigo mesmas e com seu propósito.

Agora é sua vez! Se imagine preenchendo esse formulário de verdade.

TED talker: _____

Foto: (pegue aí no seu celular alguma sua que você ama.)

Minibio: _____
_____
_____
_____

Nome da palestra: _____

O que esperar: _____
_____
_____
_____

E se quiser se inspirar mais, é só buscar por "Dani Junco TED Talk". A palestra existe mesmo, por tanto eu sonhar que um dia estaria nesse palco, em frente às letrinhas vermelhas do TEDx. Fiz isso dentro do Masp, em São Paulo, no Dia das Mães.

Visualizar é importante para realizar.

3. O projeto secreto

Tenha um projeto secreto. Secreto MESMO, que você não vai contar para ninguém. Só você sabe dele, e ele consumirá algum tempo da sua agenda com certo grau de recorrência. Pode ser uma meta sua que você não contou para ninguém. Só quando atingi-la é que você revelará o que era. Tem chance de a mudança ser tão aparente que as pessoas irão reparar. Você vai responder com cara de paisagem: "Nossa, sério?".

Eu escolhi a minha saúde, e a meta foi perder peso. Decidi perder peso. Não falei nada com ninguém, não postei nas redes sociais, só marquei com os profissionais, estabeleci um prazo e o prêmio que eu mesmo me daria.

O quê: Perder quinze quilos.

Em quanto tempo: Três meses.

Como: Nutri, endócrino e treino.

Prêmio: Um ensaio fotográfico.

Bati a meta e fiz o ensaio sem contar nada. Quando as fotos saíram, eu dividi com os amigos e a internet. Eu ainda revisito essa sensação de poder e realização quando começo a procrastinar. Usei muito dela para terminar este livro aqui. Ele também foi um projeto secreto.

Agora é a sua vez. Com qual projeto secreto você deseja se comprometer, pensando somente em você? Algumas sugestões:

- Aprender a cantar;
- Aprender a tocar um instrumento;
- Escrever um livro;
- Aprender uma dança específica;
- Reinventar seu visual físico e como se veste;
- Treinar e correr uma maratona;
- Começar um podcast.

Me conte (fica só entre nós).

Chega de só se inspirar na história de outras pessoas. Comece a escrever a sua. Eu quero ler.

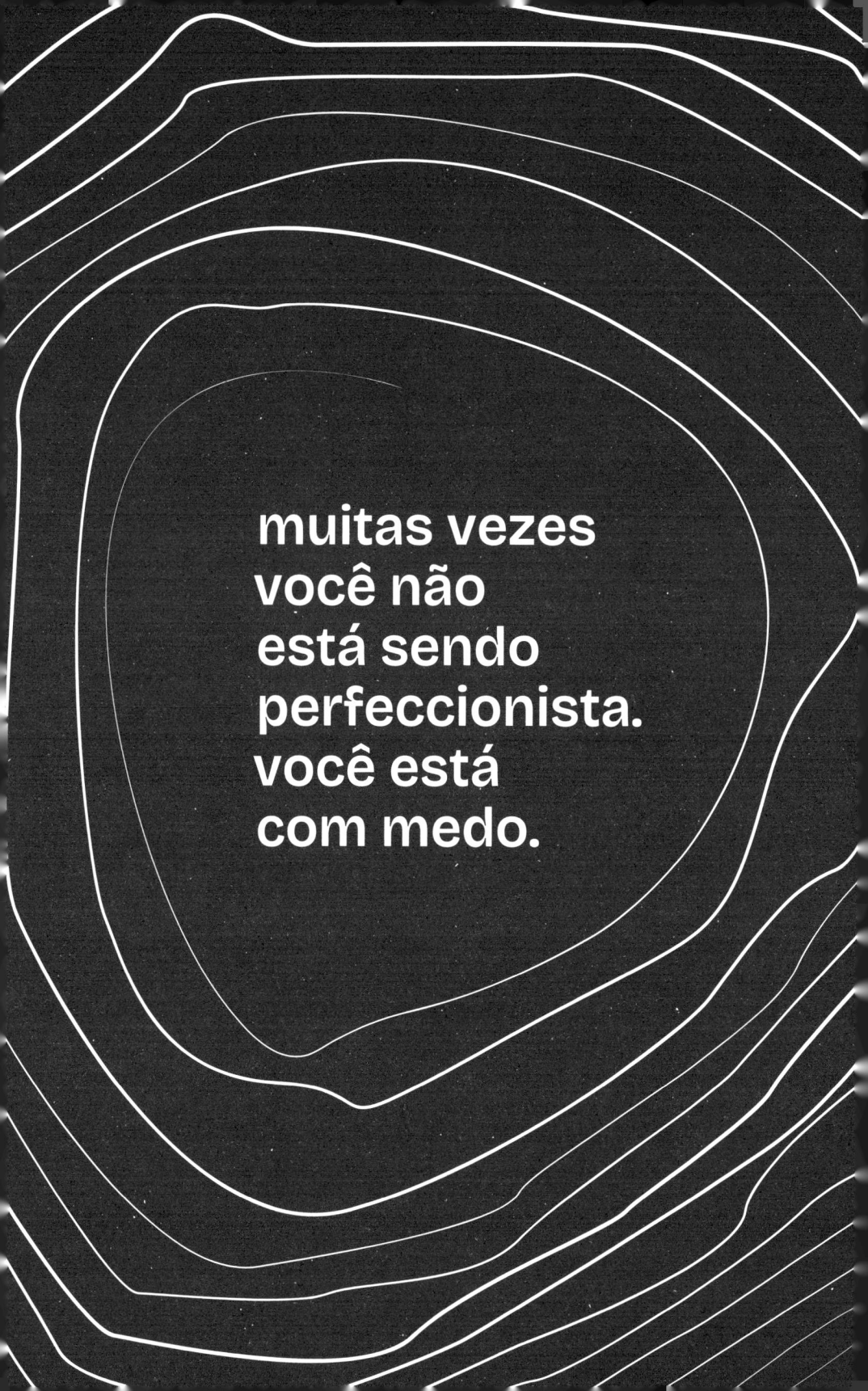

muitas vezes
você não
está sendo
perfeccionista.
você está
com medo.

7. Planejando como as *startups*

A *startup* em nós

Existe um conceito no mundo das *startups*: se você lançou algo muito perfeito, deve estar atrasada. Lançar sua ideia, seu projeto ou pensar em uma nova carreira, mesmo sem entender direito do assunto, é dar um passo para errar barato e aprender rápido. Quero que guarde principalmente isso deste capítulo. Não importa muito se você vai querer empreender ou se está liderando um projeto na empresa em que trabalha.

Quando li pela primeira vez o livro *A startup enxuta*, de Eric Ries,[18] e passei a participar de eventos de *startups*, pela primeira vez entendi que existe uma forma mais rápida e mais barata para testar uma ideia. Vamos usá-la como base para este capítulo. Na época, eu tinha a agência de marketing farmacêutico, como já contei por aqui, e foi uma epifania. Não sou boa com *startups*, eu nem as conhecia, mas sou ótima em aprender. Dois meses e muitos livros e artigos depois, já estava mentoreando outros negócios.

---

18. RIES, Eric. **A *startup* enxuta**: como os empreendedores atuais utilizam a inovação contínua para criar empresas extremamente bem-sucedidas. São Paulo: Leya, 2012.

Para começar do começo: afinal, o que é uma *startup*?

Existem muitas definições, e a que se enquadra melhor no que acredito é esta: *startup* é uma empresa jovem que resolve um problema real de maneira inovadora com um modelo de negócios que é repetível e escalável.

Basicamente, essas empresas dobram de tamanho e/ou de faturamento sem necessariamente dobrar seus custos operacionais. Por muito tempo foi até modinha não precisar obter lucro, usando o dinheiro dos investidores para validar um jeito novo de resolver determinado problema. A empresa poderia fazer isso desde que crescesse muito e rápido. O ano agora é 2023, e as coisas não são mais assim. Os fundos de investimento começaram a olhar para empresas que não escalam tão rápido, mas que têm consistência e sustentabilidade financeira (quase o oposto das *startups*).

Ponto para as mulheres, já que, segundo a ONU, em seu relatório *Women in Business and Management: The Business Case for Change*, divulgado recentemente pela Organização Internacional do Trabalho (OIT), empresas com líderes femininas são 20% mais rentáveis.

Não escrevi este livro para você criar a sua *startup* (talvez no meu próximo eu faça isso), mas reuni algumas lições que aprendi e fiz um resumo para te ajudar a começar a pensar sobre isso. São cinco passos:

1. Pense enxuto para validar um modelo de negócio

Segundo Eric Ries, estes são os três pontos principais:

A. sempre faça um MVP (Produto Minimamente Viável, em português) para apresentar para seu possível cliente;

B. na validação do seu MVP, faça perguntas abertas sem usar o verbo no futuro do pretérito (você compraria? Comeria? Iria?). Comece com "por que", "como", "o que" (como você resolve isso hoje? O que você acredita que pode melhorar? O que acha disso? Por que você comprou dessa forma? Por que acredita que isso não é possível?);

C. reduza os ciclos de aperfeiçoamento. Em resumo, não pire na perfeição na hora de colocar qualquer coisa no ar.

1.1 Modelo de negócio

Encontrar o modelo de negócio não é só saber como você vai ganhar dinheiro, mas entender também todo o processo produtivo para que o produto encontre o mercado. Mapeei alguns modelos de negócio que podem te auxiliar:

Modelo B2C	Este modelo é baseado na venda direta de produtos ou serviços para o consumidor. Exemplo: Carrefour.
Modelo D2C	É o modelo *Direct to Consumer* (direto para o consumidor, em português), em que a fábrica vende diretamente ao consumidor final. Exemplo: *outlets*.
Modelo B2B	*Business to Business* (negócios para negócios, em português) é o modelo para quem vende produtos e serviços diretamente para outros negócios. Exemplo: consultorias.

P2P	O modelo *Peer to Peer* (pessoa para pessoa) se resume a empresas que farão a intermediação de comunicação entre pessoas. Exemplo: OLX.
Franquia	O empreendedor contrata toda uma estrutura para sua empresa, terá fornecedores definidos e apoio para vendas e marketing, mas segue os padrões da marca. Exemplo: McDonald's.
Assinatura	Neste modelo, uma mensalidade ou anuidade é cobrada pela entrega constante de um produto ou serviço. Exemplo: Netflix.
Negócios sociais	Diferente de ONGs, os negócios sociais buscam fins lucrativos, e, ao mesmo tempo, impacto social. Exemplo: B2Mamy.
SaaS	*Software as a Service* (ou *software* como um serviço) são todas de tecnologia, mais precisamente de *software* usado como serviço, ou seja, não é vendido como algo que precisa ser baixado e instalado no seu computador ou celular, o serviço pode ser acessado pela internet. Exemplo: Conta Azul.
Marketplace	O *marketplace* é a plataforma intermediária entre as lojas e os consumidores. Exemplo: Mercado Livre.
Plataforma multilateral (também chamado de *marketplace*)	É a interação entre dois grupos distintos nos quais é preciso gerar diferentes valores. É comum que, neste modelo, a empresa ofereça gratuitamente o serviço para um dos dois grupos, ou benefícios para que o primeiro se inscreva e por conta da demanda gerada chame a atenção do segundo grupo. Exemplos: Uber e Ifood.

1.2 Trabalho que precisa ser feito (conceito de Job to be Done)

Uma outra forma de encontrar o melhor modelo para você e para onde está indo é utilizar o método *Job to be Done*, que basicamente significa o trabalho que tem que ser feito. Esse método ajuda a entender onde seu cliente está (ponto A), o que você faz por ele (seu serviço) e aonde ele chega depois de usar o seu produto ou serviço (ponto B). É muito usado para entender a real intenção pela qual o seu cliente compra de você e como ele te escolheu.

Quanto mais claro o *Job to be Done*, mais perto você estará do produto que o seu mercado quer consumir (conceito de *Product Market Fit*). Um exemplo:

Job funcional:

Ponto A – O Super Mario não cospe fogo para matar seus adversários .

Seu produto: Você vende a flor de fogo e ele come.

Ponto B – O Super Mario agora cospe fogo e consegue resolver mais rápido seus problemas.

Job operacional: Ele comprou a flor de fogo diretamente no seu site com Pix e recebeu dentro de 24 horas.

Job emocional: Ele agora faz parte de uma comunidade de Marios que cospem fogo.

Agora você:

Job funcional:

Ponto A – Como seu cliente está vivendo sem seu produto?

Seu produto: O que ele comprou de você?

Ponto B – Como ele está agora?

Job operacional: Como se deu esse processo? Como você facilitou para ele?

Job emocional: Como você o fez se sentir? Por que ele decidiu comprar de você e não de outra pessoa?

2. Responda ao mapa das quinze perguntas

1. Que problema você identificou?
2. O que você faz? Como leva seu cliente do ponto A ao ponto B?
3. Como quer resolver o problema?
4. Quem são seus principais concorrentes?
5. Como você vai ganhar dinheiro com isso?
6. O que você faz melhor do que a concorrência?
7. Quais são os principais canais que te trazem possíveis clientes?
8. Quanto tempo você sobrevive sem faturar com os custos que tem?
9. Quais as habilidades que você precisa desenvolver para liderar?
10. Detalhe os seus produtos/serviços. Qual é o mais consumido?

11. Como é feita a precificação de seus produtos? Qual é o ticket médio?

12. Quem serão seus principais clientes? Monte o perfil demográfico, social e econômico.

13. Por qual canal você vende?

14. Como acontece a gestão de relacionamento com seus clientes?

15. Qual é a maior dificuldade que você imagina que terá?

3. Aprenda a organizar o seu discurso

O *pitch* é uma ferramenta usada para conquistar a atenção de outras pessoas. Ele tem algumas variações de formas e tempo. É fundamental que apresente os seguintes pontos: Problema | Solução | Modelo de negócio | Tamanho de mercado | Proposta de valor| *Roadmap* | Equipe | *Call to Action*.

> **Problema**: é uma situação indesejável e geralmente inesperada que pode ocorrer tanto com pessoas como com processos.
>
> **Solução**: é aquilo (seu negócio ou sua ideia) que resolve alguma dificuldade. É uma saída, um recurso para resolver um problema.
>
> **Tamanho de mercado**: é medido pelo número de clientes possíveis ou valor monetário disponível para se alcançar.
>
> **Modelo de negócio**: é o que determina o que a empresa irá oferecer, como e qual será a sua fonte de receita.

Proposta de valor: é a capacidade da empresa de reduzir ou neutralizar a concorrência de um segmento através de diferenciação e atributos de valor.

Roadmap: é um mapa que visa organizar as metas e ações de desenvolvimento da empresa ao longo de um período. As projeções são importantes para que os investidores olhem na mesma direção que o empreendedor.

Time: quem são as principais pessoas que fazem parte do time?

Call to Action: é a hora de pedir o que você quer. Precisa de investimento ou que testem seu produto? Por exemplo: "Gostaria de convidá-los a investir na minha empresa e assim mudarmos...", e reforçar novamente qual problema a empresa resolve.

Vou mostrar o que a gente faz na B2Mamy.

Problema Qual é o problema que o negócio resolve? Abrir com uma pergunta sempre cai bem. Ex.: Você já passou por uma situação xxxxx?	**Solução** Trazer a solução/negócio dela. Ex.: Para isso nasceu a empresa X – especialista em xxxxx.

Tamanho de mercado

Dói em quantas pessoas? Recorte/Nicho. Ex.: No Brasil, existem X pessoas desempregadas, sendo Y mulheres e queremos atingir 0,01% desse mercado.

Execução | Modelo de negócio Qual é o produto? Ex.: E como vamos fazer isso? Com a venda de produtos X no valor de X reais / Com assinaturas na plataforma por X reais / Com a venda de planos de x reais etc.	**Propósito de valor** Seu diferencial no negócio. Ex.: Concorrentes nós temos, porém eles não fornecem X, Y, Z que nós fornecemos.
Roadmap Qual é o plano de ação? (Onde você estava / onde está / onde quer chegar e quando) – (passado - presente - futuro) Ex.: Hoje estamos nesse momento e daqui a três meses queremos ter atingido X pessoas através de X ação on-line/off-line etc.	**Equipe** Time! Quem é você de forma resumida e quem está com você? Ex.: E quem faz tudo isso acontecer sou eu, especialista em xxx / meu sócio CTO, que faz xxx. OU para quem está sozinho, pode falar assim: Eu e parceiros comerciais / equipe etc.
	Call to action Frase matadora que chama para a ação! Ex.: Se você quiser saber mais, acesse www. Se você quer mudar a sua vida, faça parte da rede... Se você acessar agora o site, tem x% de desconto

4. Fique de olho na tração

Tração é quando a sua empresa já validou a maioria dos produtos com clientes e está na hora de buscar escala. O mais importante é que tudo deve ser mensurado para que você não gaste dinheiro com os canais errados.

É fundamental entender que o processo de decisão por compra passa por uma tríade:

- Motivação: por que eu quero comprar isso?
- Prioridade: o quanto eu preciso comprar isso agora?
- Esforço: o quanto é simples eu comprar e receber isso?

Indico a seguir os onze canais que considero principais, dos dezenove possíveis:

1. **Acordos e parcerias**: fechar parcerias e acordos com outras empresas com a mesma cultura e modelos de negócio parecidos.
2. **Assessoria de imprensa**: gerar releases e materiais de comunicação.
3. **Eventos**: organizar encontros presenciais e on-line próprios.
4. **Afiliados**: criar um programa de recompensas para clientes com algum brinde ou promoção toda vez que ele indicar a empresa ou o produto para um novo usuário que faça a compra.
5. **Publicidade tradicional**: como banners, panfletos, comerciais na TV, outdoors.
6. **Publicidade digital**: fazer anúncios em sites, redes sociais, entre outros locais na internet.

7. **Marketing de conteúdo**: criar conteúdos específicos para ensinar, nutrir e converter um *lead* ao longo de sua jornada do cliente.

8. **SEO e *adwords***: otimizar seu site para que ele apareça no topo das páginas dos mecanismos de buscas na internet.

9. **E-mail marketing**: estratégia de envio de e-mail com notícias ou conteúdos para nutrir e converter os contatos e assinantes inscritos em consumidores da marca.

10. **Comunidade**: criar fóruns para se relacionar e integrar as pessoas que utilizam seu produto e são engajadas com a marca.

11. **SDR vendas**: prospectar clientes ativos com base na geração de *leads*.

Conhecendo os canais, faça testes respondendo às perguntas a seguir:

- Em média, qual será o custo de aquisição de clientes por meio desse canal?
- Quantos clientes você acha que estão disponíveis nesse canal?
- Os clientes que você está recebendo por esse canal são os que deseja alcançar agora?

5. Tenha um plano com indicadores claros

Sugiro fortemente que você utilize o método OKR, desenvolvido por John Doerr durante sua estadia na Intel e que, em 1999, ele apresentou para os fundadores do Google. O método serve para definir objetivos individuais, de um time ou empresa, e acompanhar os resultados em determinado período.

O – Objetivo (o que você quer atingir).
KR – Mensurável (*Key Results* ou resultados-chave, isto é, como saberá que atingiu seus objetivos).

OKRs – Planos para alcançar suas estratégias.

OKRs são:
- Mensuráveis.
- Definidos e avaliados por um período (anual, trimestral ou anual).
- Criados para um indivíduo, time ou empresa.
- Disponíveis publicamente para a empresa.

Benefícios dos OKRs:
Foco e compromisso com as suas prioridades (*você saber o que importa*).
- Transparência, alinhamento e trabalho em equipe (*manter a empresa remando para o mesmo lado*).
- Indicadores reais de progresso (*mostrar quanto do caminho já foi percorrido*).
- Responsabilidade e compromisso (*cada pessoa saber qual é a sua parte no todo*).

Um modelo para ajudá-la a construir o seu OKR:

Eu vou (**objetivo**), mensurado por (**o conjunto dos resultados-chave**).

1. Aonde você quer ir? (Objetivo);
2. Como você saberá se chegou lá? (Resultado-chave);
3. O que você fará para chegar lá? (Tarefas/iniciativas).

Sugiro que você não tenha mais de três OKRs para o seu negócio, com no máximo cinco KRs em cada um deles. Para cada OKR haverá uma lista do que precisa ser feito, tarefas a serem realizadas para conseguir alcançar seus objetivos, que deverão ser medidos semanalmente com o time ou por você mesma.

Exemplos:

OKR institucional	Ser a empresa que mais... (ambicioso).
OKR 1 estratégico	Manter a empresa sustentável financeiramente.
KR1	Faturar 2.500.000,00 reais.
KR2	Margem 20% com caixa de 10 meses.
KR3	Ter 50% do faturamento nos produtos escaláveis.
OKR institucional	Ser a empresa que mais... reconhecida como... (ambicioso).
OKR 2 estratégico	Unificar a plataforma de educação para escalar entrega.
KR1	Capacitar 35 mil alunos.
KR2	Ter uma base de *leads* de 500 mil cadastros.
KR3	Manter o NPS no mínimo de 8,5 no B2B e 7,5 no B2C.

Eu sei que é coisa à beça, mana. Capítulo denso, né? Mas foi somente para aguçar a sua curiosidade. A parte boa é que, com este livro, você não está sozinha, faz parte de uma comunidade muito maior do que ele. Te convido a vir em nossos encontros, eles ocorrem tanto on-line quanto presencialmente nas Casas B2Mamy. A gente pode se ver e trocar ideias.
Respira. Não pira. Tamo juntas.

só há três formas
de dar certo.
ou você cria,
ou você investe,
ou você participa
de uma comunidade.

8.
Construindo e nutrindo uma comunidade

Um lugar sem uma comunidade é estéril, nada cresce, nada floresce

A B2Mamy cresceu de maneira orgânica, mas não desorganizada. Não tínhamos definido o que iríamos vender, qual modelo de negócio teríamos, mas sabíamos o porquê estávamos naquilo. Começamos pelo coração, ou seja, pela COMUNIDADE, e isso fica claro já no nosso nome:

B2C: produtos e serviços oferecidos para o consumidor final.
B2B: produtos e serviços oferecidos para empresas.

Logo:

B2Mamy: produtos e serviços oferecidos para mães e entre mães em comunidade.

O que sonhamos desde o primeiro dia, agora vemos acontecer bem na nossa frente. Mentoras engajadas, investidoras-anjo disponíveis, quem está começando ajudando quem está no zero, um ecossistema conectado: "Me manda uma mulher porreta aí!". É impossível passar um dia na B2Mamy e não se sentir parte. Não se engane, a jiripoca pia quando estamos falando de negócio, mas temos todas a mesma lágrima que não cai dos olhos. Quer dar asas a alguém? Basta segurar sua mão.

Foi assim que, errando e acertando, nossas personas foram chegando e desenhando as regras, e nós fomos entendendo o que funcionava com a nossa cultura organizacional. O resultado foi esta lista:

- Primeiro junto, depois perto e depois dentro;
- Venda e negócios só vêm depois de relacionamento, *give first* e *give back*;
- Lança *lean*, erra barato, aprende rápido e lança de novo;
- Faça mais com menos;
- E, claro, não seja uma FDP (tenha transparência nas relações comerciais!).

O conceito de Patrick Hanlon de *Primal Branding* construiu – e permeia – a organização da nossa comunidade. Minha leitura sobre os pontos mais relevantes do *Primal Branding*:

- Não importa o que você diz sobre a sua marca. Só importa o que a comunidade reproduz;
- Não é só a qualidade do produto/serviço que importa, e sim a qualidade da comunidade que você constrói ao redor dele;
- *Branding* não é seu logotipo, é seu sistema de crenças;

- Comunidade não se constrói pelos seus produtos, você precisa construir um sistema de crenças.

O *Primal Branding* é dividido e disseminado por pessoas que passam a ter a mesma crença, daí se desenha uma comunidade. São sete elementos-chave para essa construção:

1. **Storytelling** – Quanto mais a história estiver alinhada, desde o começo, com o que a sua comunidade busca, mais genuína será a relação.
   Adianto que você verá isso na história da B2Mamy, que virá logo mais neste livro.

2. **Cultura** – Os valores e o propósito têm que ser vividos pelos líderes da marca e por toda a empresa. Pensar e agir devem ter consonância.
   Na B2Mamy, todas as nossas redes sociais e falas repetem a nossa cultura.

3. **Ícones** – Crie ícones que estejam presentes e impactem os cinco sentidos: audição, visão, olfato, paladar e tato. Criar sensações provoca conexão.
   A chupeta do nosso logo, que tem o formato de uma lâmpada, representa a conexão, mostrando para nossa comunidade que estamos sempre presentes.

4. **Rituais** – Ofereça experiências positivas e engaje a sua comunidade. Faça de forma profunda, recorrente e relevante. Sentir que existe um ritual para entrar, permanecer, se unir ajuda os membros da comunidade a se sentirem parte de algo.
   Os cursos da B2Mamy são uma jornada. As mães começam como *Start*, passam para *Pulse* e entram na formação de mentoras, para ajudar outras mulheres.

5. **Palavras especiais** – Use termos, palavras ou *hashtags* que identifiquem: "Aqui tal comunidade está presente". Tenha um código "secreto".

   Temos vários códigos que são a nossa cara, como as B2Manas, para identificar quem está na comunidade.

6. **Pessoas que não acreditam** – Vai haver pessoas que não acreditarão, negarão e não consumirão da sua empresa. Ótimo! Encare isso como a necessidade de inovação batendo à porta, hora de afiar o machado. Isso é diário. Ouvimos todos os dias que nunca vamos "dar certo", e eu só pergunto: "Por que não?".

7. **Liderança** – Seja uma líder que não para, por mais que todos os cenários sejam negativos. Que seja capaz de reunir todo o sistema de crenças, inspirar e dar esperança.

   Eu sou essa líder, com muito orgulho, à frente desse exército de mães.

Quando criamos a Casa B2Mamy, em 2019, o desafio mudou, e buscamos um novo conceito para sustentar e organizar nossa comunidade. Escolhemos o *Third Place* (terceiro lugar), uma teoria do sociólogo Ray Oldenburg descrita no livro *The Great Good Place*, de 1989. Ele define que o *Third Place* é o local público onde as pessoas se encontram para socializar com amigos e estranhos que passam a conhecer. Suas casas são o primeiro lugar, o trabalho é o segundo, e esse terceiro é reservado para o lúdico, a pausa, o sincrônico. É nesse lugar que as comunidades passam a se formar e representam um oásis para a saúde mental. Na visão dele, esses locais podem ser clubes, cafeterias, academias etc., e na Nova Economia podemos incluir os *coworkings* e *hubs* de inovação, por exemplo.

Aqui indico alguns pontos levantados por Oldenburg que caracterizam o terceiro lugar:

Terreno neutro: o terceiro lugar tem uma liderança rotativa facilitando a criação da comunidade.
Abertura: o terceiro lugar é aberto a todos, não há sistemas hierárquicos.
Comunicação: flui conectada à cultura organizacional.
Acessível: é fácil de entrar, sem fricções, para aumentar a frequência desses encontros.
Hard core: não é a infraestrutura que vai definir se este será um terceiro lugar, mas a comunidade que escolherá estar ali.
Discreto: o terceiro lugar não é arrogante. Ele inclui e aceita quem chega ali, independentemente de seu ponto de partida.
O clima: deve ser amigável, aberto e acolhedor, para que um recém-chegado não tenha medo de participar.
Uma casa fora de casa: o terceiro local oferece aos seus ocupantes a sensação de estar/voltar para casa. Um senso de pertencimento, segurança e liberdade.

> A comunidade é para onde você corre quando o bagulho fica doido.

Simon Sinek disse em seu livro *O jogo infinito*: "O verdadeiro valor de uma empresa é medido pelo desejo que os outros têm de contribuir para que ela continue a ter sucesso".[19] E comunidade é todo mundo que joga com você. Seus fornecedores, seus clientes, seus investidores e, claro, sua família. As pessoas reconhecem sua autoridade por meio do bem comum que buscam, então elas te seguem, consomem o que você vende e se inspiram, criam novos projetos a partir do seu.

Você não precisa construir uma comunidade do zero ou liderar alguma. Pode buscar qual comunidade existente se encaixa melhor ao seu negócio. Ou seja, se unir a ela e ampliar o acesso agrega valor para seu cliente. Você pode contribuir com investimento, com o que sabe fazer, com algo valioso que faça essa comunidade crescer ao redor da sua marca pessoal ou da sua empresa.

O fato é que sem comunidade o caminho é mais longo, mais solitário e mais caro.

---

19. SINEK, Simon. **O jogo infinito**. Tradução: Paulo Geiger. Rio de Janeiro: Editora Sextante, 2020. 256 p.

9.
A história da B2Mamy

Capítulo dedicado às cofundadoras da B2Mamy, Mi, Jaque, Bi, Ju e Marina, e a todo o nosso time que materna essa comunidade

Era uma madrugada quente de 2015, e a barriga de oito meses me acordou. Sentei em uma cadeira azul-clara que tinha comprado para amamentar (seguindo a *check-list* da maternidade perfeita) e tive um pensamento muito angustiante que somente depois eu saberia que era um chamado.

"Mãe, por que você trabalha?"

Eu coloquei as duas mãos sobre a barriga e perguntei, para mim e para ele, o que essa pergunta, que eu nunca tinha ouvido, significava. E ele se remexeu, e eu senti de novo: "Mamãe, o que você faz de tão importante para me deixar e ir trabalhar!?".

Eu fiquei sem ar. Pela primeira vez parei para pensar nisso, e minha boca ficou amarga. Embora eu gostasse das pessoas que trabalhavam comigo, da cultura em que eu estava envolvida, não havia nenhum propósito ou causa justa naquilo que eu fazia. Eu não sabia POR QUE eu fazia o que fazia, e com a chegada dele entendi que seria impossível seguir sem entender isso. Como pesquisadora que sou, a primeira coisa que fiz foi buscar na internet outras mulheres que estivessem vivendo um dilema parecido, essa confusão sobre a carreira por conta da chegada dos filhos. Encontrei poucos textos espaçados pelo Google, mas nada estruturado.

Fui no LinkedIn, que batizei carinhosamente de Linke-Disney, porque todas as mulheres postavam textos felizes sobre suas carreiras. Nos grupos de mães, escreviam textos felizes sobre a maternidade. Me senti muito sozinha. *Eu não gosto tanto assim da maternidade e agora não gosto do meu trabalho, e eles estão ótimos. Eu sou uma péssima pessoa.*

Entre uma empresa operando com quarenta funcionários, uma pós-graduação e essa angústia no peito, o Lucas nasceu, e com ele um puerpério com depressão pós-parto muito mediada por essa confusão da maternidade e da carreira.

Escrevi no Facebook um pedido de socorro que eu nem sabia que mudaria completamente a minha vida e a sua, que está lendo agora: "Tá doendo demais em mim pensar em como equilibrar a vida materna e a pessoal. Dói em mais alguém? Queria tomar um café". Esperava respostas de três mulheres e vieram oitenta. Estava doendo nelas também, só não tinham onde e com quem falar. Nesse encontro, me dediquei fortemente a ouvir para entender. Claramente, aquele era um fenômeno social motivado por alguma dor de mercado. Veja se você se identifica com alguma:

"Ele me deixou assim que soube que eu estava grávida."

"Eu gosto do meu trabalho, mas tenho uma ideia e não sei por onde começar."

"Meu chefe me demitiu no segundo dia que retornei da licença-maternidade."

"Me deixaram na geladeira, sem função nenhuma por seis meses, e depois me demitiram."

"Meu marido até que paga as contas, mas 100% do cuidado da casa e dos filhos é meu. Não tem espaço para os meus sonhos."

"Eu me sinto feia, insuficiente, burra, velha, não sei como retomar."

"Ele me assediou moralmente mais de uma vez enquanto eu estava grávida."

"Eu me sinto tão sozinha empreendendo que, mesmo que eu cresça, sei que não vou muito além."

"Eu amo meus filhos, mas não gosto deles o tempo todo. Queria um lugar só para mim."

Eu me ajoelhei no banheiro do lugar onde tínhamos feito o encontro e agradeci pela bênção de descobrir o que queria fazer pelo o resto da minha vida. Queria ser porto bom de ancorar. Decidi que a partir dali reescreveria a minha história, iria me curar e levar o maior número de mulheres que eu pudesse comigo.

Fui estudar os dados, sempre eles. Queria entender por que tanta confusão e medo, e a economia apanhando por deixar esse monte de mulher de fora. Os números que encontrei eram alarmantes:

1. O número de lares brasileiros chefiados por mulheres passou de 23% para 40% entre 1995 e 2015, segundo a pesquisa Retrato das Desigualdades de Gênero e Raça, divulgada em março de 2017 pelo Ipea.

2. Há 5,5 milhões de crianças brasileiras sem o nome do pai na certidão de nascimento, segundo dados do Conselho Nacional de Justiça (CNJ).[20]
3. Entre 2005 e 2015, o número de famílias compostas de mães solo subiu de 10,5 milhões para 11,6 milhões, segundo dados do IBGE divulgados em 2017.
4. Das 10,3 milhões de crianças brasileiras com menos de quatro anos em 2015, 83,6% (8,6 milhões) tinham como primeira responsável uma mulher, seja mãe biológica ou da rede de apoio, de acordo com a PNAD 2015.
5. Em várias cidades brasileiras, quase 70% das crianças não têm acesso à creche.
6. A cada dez mulheres, quatro não conseguem retornar ao trabalho após o fim da licença-maternidade, segundo a empresa de recrutamento Robert Half.[21]

Essa última constatação virou a arena em que eu decidi lutar. Convidei minhas sócias da agência de marketing farmacêutico, e elas toparam. Pensei: *empreender é uma saída para essas mulheres, mas elas precisam de tecnologia e inovação*. Eu já estava inserida no ecossistema, mentorando em eventos denominados Startup Weekend, e senti que seria por ali que eu encontraria essa saída. Zapeando a internet, encontrei um evento que dizia algo assim: "Se você encontrou uma dor de mercado, traga a sua ideia para o nosso evento, que temos o desejo de te

///////
20. CNJ – Conselho Nacional de Justiça. **Pai presente e certidões**. Brasília: CNJ, 2015.
21. MULHERES e o mundo corporativo. São Paulo: Robert Half, 2016.

ajudar a acelerar o processo". Eu não fazia ideia do que era, mas fui. Quando me falta certeza, me sobra coragem.

Cheguei no evento em um espaço de inovação e pediram para que a gente contasse qual dor tínhamos identificado. Quando contei a minha, que parte da saída das mulheres do mercado de trabalho, ouvi a seguinte resposta:

"Não tem como acelerar algo como a B2Mamy. Ser mãe e CEO é impossível, visto que as duas coisas precisam de extrema presença. Você precisa escolher entre ser mãe ou CEO".

Vocês acham que eu voltei arrasada para casa e desisti? Não! Já que não queriam me ajudar a ajudar essas mulheres, seria nós por nós. Estudamos o modelo de aceleradora e nos posicionamos na mídia como a primeira aceleradora a impactar negócios de mulheres em transição de carreira após a maternidade. Abrimos nosso primeiro *batch*, que teve recorde de inscrição. Fizemos um *pitch* para o Google, que nos incubou no espaço deles, e nosso segundo *pitch* (discurso curto e efetivo de vendas) já levava essa chancela.

Diálogos que mudam tudo

Em 2019, já com mais de 10 mil mulheres na comunidade, os espaços físicos cedidos a nós começaram a ficar pequenos. Decidimos então, com certa relutância dos nossos mentores, abrir um espaço só nosso. Era bem na época do *boom* do "arrasta para cima" e "compre meu curso por R$ 19,90", quando você sacudia uma árvore e caía um guru. Era "imprudente" abrir algo que não fosse digital.

Para comprovar a tese de que as mulheres frequentariam um espaço só para elas, decidimos abrir um *crowdfunding*, uma vaquinha on-line, e pedimos R$ 10,00 para as mulheres que acreditavam na ideia. No dia do lançamento do financiamento coletivo, eu estava com medo de que a comunidade não fosse reagir e fiquei adiando colocar o vídeo no ar. Foi então que minha mãe provocou:

"Filha, sabe qual a palavra para quando você olha ao redor, não encontra nada, e mesmo assim decide atravessar o deserto?"

"Não, mãe..."

"Fé! Acredite nas mulheres que você reuniu. Aperte o botão."

Angariamos 200 mil reais em 45 dias. Ela estava certa, a comunidade estava lá.

A casa ficou pronta, e passamos a receber sessenta mulheres por dia, até que veio a pandemia, que nos obriga a fechar a porta da casa e possivelmente do sonho que vinha com ela. Lembro de me trancar no banheiro chorando e ouvir um bater à porta:

"Filha, saia daí. Por que você tá chorando!?"

"Com a casa fechada, nosso caixa só dura seis meses. Vamos perdê-la."

"Filha, nesses tempos incertos elas não precisam de cadeira e internet, precisam de uma líder, e isso eu sei que criei."

Reuni meu time, refizemos as contas e negociamos com fornecedores. Decidimos captar com investidores-anjo para ter fôlego de caixa e transformar todos os cursos, que até então eram presenciais, em on-line ao vivo, cursos síncronos para atravessarmos a pandemia juntas. Não só sobrevivemos como crescemos 300%, rompendo a barreira geográfica.

Às vezes é tão exaustivo que penso que era melhor não ter ouvido o chamado. Aí lembro da Tamara Klink dizendo que a coragem mora nas margens do medo.

- Criamos a primeira aceleradora focada em mães;
- Inauguramos o primeiro *hub* de inovação *family friendly* do mundo;
- Somos a maior e mais engajada comunidade de mães do país que lida com inovação, geração de renda e tecnologia;
- Impactamos mais de 40 mil mulheres;
- Demos vida a mais de 2 mil ideias;
- Aceleramos mais de trezentas *startups*;
- Não só sobrevivemos, como fizemos uma captação de investimento no meio da pandemia;
- Dobramos de faturamento todo ano com *break-even*;
- Já movimentamos 27 milhões de reais na economia e nas mãos dessas mulheres;
- Expandimos presencialmente para mais dois estados;
- Terminaremos 2023 fazendo a maior captação que uma comunidade de mães já fez para escalar o nosso impacto;
- E, agora, lancei este livro com todo o amor do mundo.

Antes do Lucas chegar, eu estava me afogando em uma poça rasa. Meu filho me submergiu, me trouxe à superfície, me deu à luz. Me lembrou que todas as vezes que eu caí, foi a mão de uma mulher que me levantou, e eu, masculinizada para competir em um mundo comandado por eles, sufoquei meu lado feminino. Mal sabia que o que eu ignorava seria o que o mundo, vivendo em uma Nova Economia, precisaria tanto. Tudo que neguei me faz hoje a profissional competente, criativa, sagaz, inteligente e forte que sou.

Quando dizem que eu, ou outra mãe, não vou conseguir, refresco a memória que negar a potência da maternidade é negar a própria vida. A gente fez um cérebro, a gente cuida e materna, a gente tem uma à outra.

Por isso eu digo e repito que nunca, de maneira nenhuma, sob nenhuma circunstância, subestime uma mulher que deseja ser um exemplo para o seu filho.

Você precisa imprimir o texto a seguir e colocar no seu quarto, compartilhar em sua rede social, recitar no seu grupo de mulheres, sussurrar no ouvido da sua filha, reforçar para seu filho e para os homens à sua volta.

Manifesto para mulheres no mercado de trabalho

Seja barulhenta. Se o projeto é seu, ninguém mais deve levar o crédito por ele.

Ocupe o espaço que disseram que não era para você.

Pare de pedir desculpas e comece a pedir que não te interrompam.

Acredite na sua intuição, ela é a soma do seu repertório e da sua visão.

Pare de dizer "não quero porque sou casada" e diga "pare porque isso é assédio, e assédio é crime".

Não se estique ou se esprema para caber, não existem duas de você.

Responda "isso não é da sua conta" se você se sentir invadida.

Não ria de piadas que não têm graça nenhuma e as questione se te deixarem desconfortável.

Seja sarcástica, espirituosa, chore e ria. Sua vulnerabilidade é potência.

Ajude outras mulheres e peça ajuda.

Diga em voz alta o que te incomoda.

Seja masculina, seja feminina, seja escudo e seja espada.

10.
Cartas abertas

Para o Lucas, meu filho

Você me deu à luz, me submergiu, me expandiu e eu transbordei.

Não foi um dia fácil, você não foi direto para os meus braços e eu te conheci na luz fria da UTI. Eu fechei os olhos e pedi a Deus para transformar aquela incubadora em uma manjedoura. Toquei em você pelo buraquinho do vidro e senti o abismo da sua falta.

Você tinha acabado de chegar, e eu questionava como eu vivia antes neste mundo. Em vez de me fazer parar, você me deu a licença poética para sentir que eu era capaz de mudar o mundo. Uma potência que desloca muros e muda o *status quo*. Soltei muitas vezes a sua mão, tão pequena, para segurar a mão de outras mães porque eu ouvi o seu chamado para criar a B2Mamy.

Seus cachos dourados e olhos com cores não catalogadas, ao me olharem, me entregavam uma força sobre-humana. Eu sabia que *só viver* não seria mais possível.

Você tinha quatro anos quando disse: "Tão bonita você, mamãe. Adoro quando você ri". Meu mundo parou naquele momento.

Eu odeio brincar, deixo as vozes dos bonecos para o papai, que é entretenimento certo. Nos aninhamos para assistir a filmes longos e jogamos bola nos fins de tarde. Eu te dei um o mar e o horizonte e ganhei uma estrada, e foi uma excelente troca, mesmo que não seja eu quem te faz dormir todas as noites. Te fazer feliz é o que me faz pulsar e não desistir. Obrigada por me escolher assim, imperfeita, ansiosa e acelerada, e me falar: "Mãe, calma, fica mais um tempinho aqui".

Meu menino que atravessa a rua para ver uma árvore diferente, que canta para passarinhos, que protege as crianças menores e que se emociona ao ver a lua, eu te amo. Eu serei sempre o seu farol, seu lugar para voltar quando o mundo te machucar. E quando a mamãe não está nos olhos, ela está, como você diz, "no coração". Sem você este livro e eu não existiríamos.

nunca
subestime
uma mulher
que
deseja
ser exemplo
para seu filho.

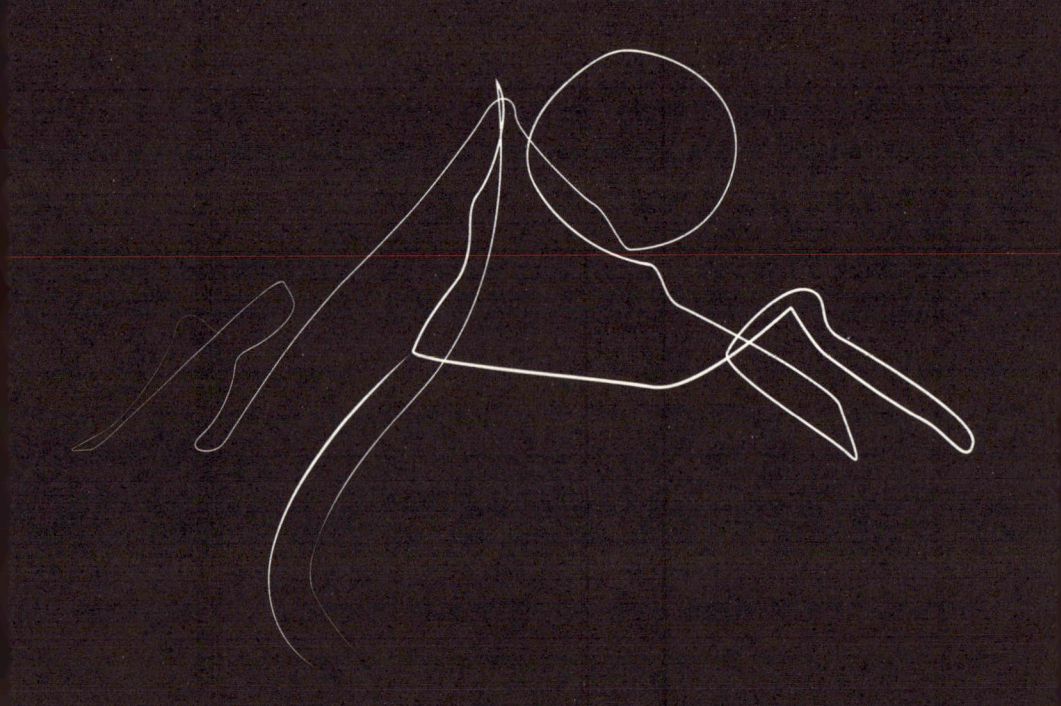

Para as manas pretas

Você já sentiu solidão mesmo não estando sozinha?

Por Marina Franciulli, mãe do Gael e do Ian

Esta é a realidade diária da maioria das profissionais negras (mulheres pretas ou pardas), sejam elas empreendedoras ou intraempreendedoras.

Talvez seja difícil de entender que não é a falta de um par, de supostas aliadas ou de manter bons relacionamentos nos grupos em que estamos inseridas. Muito pelo contrário, fiz e tenho muitas pessoas amigas que conheci nos locais de trabalho em que já passei.

Aqui, trato da falta de representatividade, de reconhecimento, de acesso e até mesmo de um plano de carreira que me permita desenvolver todas as habilidades e competências adquiridas na trajetória profissional pelo simples fato de ter nascido mulher com a pele preta (ou parda).

Em pouquíssimos lugares em que atuei pude encontrar mais das minhas, me reconhecer em seus traços, cabelos, cores e desafios. Atuo em cargos de liderança há alguns anos e em uma área em que posso contar nos dedos quantos pares negros tive. Em eventos, então, me vejo solitária em meio a um monte de gente.

É exigido da mulher preta profissional comprovar sua capacidade muitas vezes mais (muitas mesmo!) do que uma mulher branca.

É automaticamente taxada como combativa ou professoral – que mulher preta nunca ouviu algo do tipo: "Quando você fala, eu escuto, porque você sempre me ensina alguma coisa", mesmo quando o assunto é uma "simples" ida ao mercado?

É recorrentemente usada como isca ou resposta a uma composição majoritariamente branca e massacrante de exclusão estrutural. Tão estrutural que, quando exposta, se torna uma afronta ou uma provocação, raramente uma constatação e um estímulo para a mudança.

Eu, mais perto dos quarenta do que dos trinta, e com pelo menos vinte de profissão, tenho total consciência dos espaços que ocupo e das limitações impostas por eles. Recentemente me vi desistindo de atuar na minha profissão por não querer ou não me permitir passar novamente por situações abusivas, veladas e reveladas em mensagens, conversas e entrelinhas em que não se aceita que uma mulher preta (com notadamente mais experiência) assuma esse lugar. Não foi a primeira vez e, infelizmente, não tenho certeza se terá sido a última.

Minha dúvida é: até quando abriremos mão? Até quando vamos nos diminuir para caber nestes lugares?

Não é raro escutar ou ler relatos parecidos de outras mulheres negras. Somos muitas as que não empreendem por escolha, as que não conseguem acesso a capital, as que não conseguem desenvolver os seus negócios de forma plena. As que pensam e executam todo o trabalho, mas que na hora do palco são esquecidas, então, não consigo nem estimar a quantidade. Mas há as que são muito usadas como vitrine, porque diversidade e inclusão estão na moda e pegam bem.

Não há um equilíbrio e um reconhecimento real dessas mulheres. Entende a profundidade da questão?

E quando a maternidade chega, sabe o que acontece?

Há ainda mais dúvida sobre a capacidade e a potência dessa mulher. No meu caso, com menos de sete dias de nascimento do meu filho mais novo, os abusos por parte da organização em que eu atuava passaram a ser cruéis. Do outro lado, havia a agressão de uma outra mulher (branca e sem filhos).

Escolhi não passar por isso depois de um longo processo de terapia e autoconhecimento. Colhi os melhores frutos desse período e sigo ainda mais certa da minha competência.

A população negra é a maioria deste país, assim como a feminina, mas segue sendo invisibilizada e minorizada pela falta de acesso, de respeito e de espaço.

Existem algumas iniciativas promissoras. Mas a realidade é que nós, mulheres negras que conseguimos ocupar alguns espaços estratégicos, nos reconhecemos e conectamos com as muitas das nossas que não conseguem acessar esses espaços. E a transformação está sendo feita por quem se conecta e abre caminhos e oportunidades para quem ainda não chegou.

Por nós, pelas nossas e nossas, seguimos.

faz seu corre.
banca seu rolê.
confia no seu borogodó.
o resto é barulho.

(desliga.)

Para todas vocês

Por muitas vezes eu ouvi: "Menos, Dani, mais baixo, mais devagar". "Você é muito alta, se espalha demais, toma a sala e as pessoas não gostam disso." "Não vai parar em um emprego e vai ficar solteira." Você também já ouviu algo assim?

Certa vez, uma mulher em uma reunião me disse: "Ao entrar na sala, sente logo. O seu tamanho é uma ameaça e a negociação pode não ser boa". Durante quinze anos, eu sentei rápido para não ser notada, treinando o tom de voz ou abafando as minhas opiniões, que quase sempre seguiam um caminho contrário. Neguei minha existência.

Se espremer para caber foi uma mentira que me contaram e eu acreditei. Fiquei ali apertada, minguando sem ar. Até que, um dia, com muita leitura e me cercando de pessoas que não têm medo da luz, passei a entender que estavam me confundindo com escassez.

Quem estava em abundância não pedia para eu ser diferente.

Mana, desligue esse barulho.

É potência demais entender quem você é. Às vezes vão te amar, às vezes vão te odiar, mas os motivos são projeções dos outros, e você não pode controlar isso.

Me despeço aqui certa de que esta jornada que fizemos juntas serviu para ecoar ventos de mudança na sua cabeça e no seu coração. Que serviu para exercitar algum músculo que pode até estar doendo, como quando a gente volta para a academia depois de muito tempo parada. Me despeço com saudade do que a gente ainda pode viver, uma saudade de um futuro possível, mas só se você despertar.

    Obrigada, minha irmã, por ter me escolhido para dividir essa noite, esse finzinho da tarde, essa manhã ensolarada. Eu amo você e tudo o que o seu feminino representa. Até a próxima, te vejo em casa.

"Maternidade é potência!
Ser mãe tira a gente do eixo, da zona de conforto, escancara questões que precisamos trabalhar, nos obriga a enfrentar o que vier pela frente.
Ser mãe faz a gente encarar a nossa verdade, mudar, se reinventar.
E foi exatamente isso que a Dani percebeu rapidamente. Afinal, ela também é uma potência! Tem energia que não acaba, mente que não para coração, que transborda!
Não fosse a maternidade, ela talvez tivesse seguindo no piloto automático. Mas se tornar mãe, sentir na carne o amor que sente pelo seu menino crescer de forma exponencial, deu uma freada brusca na sua vida.
Fez ela colocar as mãos na direção e conduzir, de forma consciente, seu caminho.
Esse livro é exatamente isso. A Dani, com sua experiência e expertise, vai abrir os seus olhos para que você saia do piloto automático. Te motivará a colocar as mãos no volante para que você escolha os caminhos que quer percorrer. E isso é uma dádiva! Digo com experiência de causa. Já fui tocada de forma profunda por ela!
Preparada? Sem medo! Não ouse não se dar este presente!
Agora é só colocar o cinto! Garanto que você não vai se arrepender, muito pelo contrário, vai se surpreender com a potência que mora aí, dentro de você!"

THAÍS VILARINHO
Autora do *Mãe Fora da Caixa*

"Conheci a Dani em um café despretensioso na casa B2Mamy e nunca mais esqueci aquela mulher cheia de energia, força e brilho nos olhos que apareceu na minha frente. Ela não muda apenas sua vida, mas a de todos, principalmente todas que estão à sua volta. Se forem mães e trabalharem então, sai de baixo que ninguém segura a Dani. *Mãe, por que você trabalha?* permite ter um pouquinho dela sempre perto de você. Ela conta abertamente sobre sua experiência pessoal, as dificuldades da maternidade e do empreendedorismo simultâneos. Generosa, compartilha muito de seus tropeços e grandes aprendizados. Livro cheio de insights. Aproveite a leitura que a força é máxima."

CLAUDIA NEUFELD
Vice-presidente de marketing da
The Walt Disney Company Brasil

"Chega ser difícil decifrar a Dani Junco, porque ao mesmo tempo em que ela faz questionamentos duros e perguntas desconfortáveis, ela chora emocionada com o seu propósito e te abraça. Desde que nos conhecemos eu espero este livro, porque queria que todo mundo pudesse ter alguns minutos 'a sós' com ela. Nada melhor do que um bom livro para entrarmos na intimidade com a autora.
Ela é mãe que trabalha, a empresária que é mãe. Uma amiga que acolhe, e a mestre que te desafia. Aproveitem esta viagem."

RAFA BRITES
Autora, palestrante e apresentadora

"*Mãe, por que você trabalha?* é leitura obrigatória para todos aqueles que desejam se apropriar da própria potência em plena capacidade. Para além do tema da maternidade, é um livro que aborda protagonismo e voz ativa em todas as esferas da vida, como pessoal e profissional. Os exercícios e frameworks são fáceis de praticar e implementar e mudam nossa percepção sobre as histórias que nos contamos todos os dias. A leitura me enriqueceu e me ajudou a me tornar uma rede de apoio mais consciente e sólida para as mães ao meu redor. Leia com a caneta afiada e o peito aberto!"

MAYTE CARVALHO
Publicitária e autora best seller

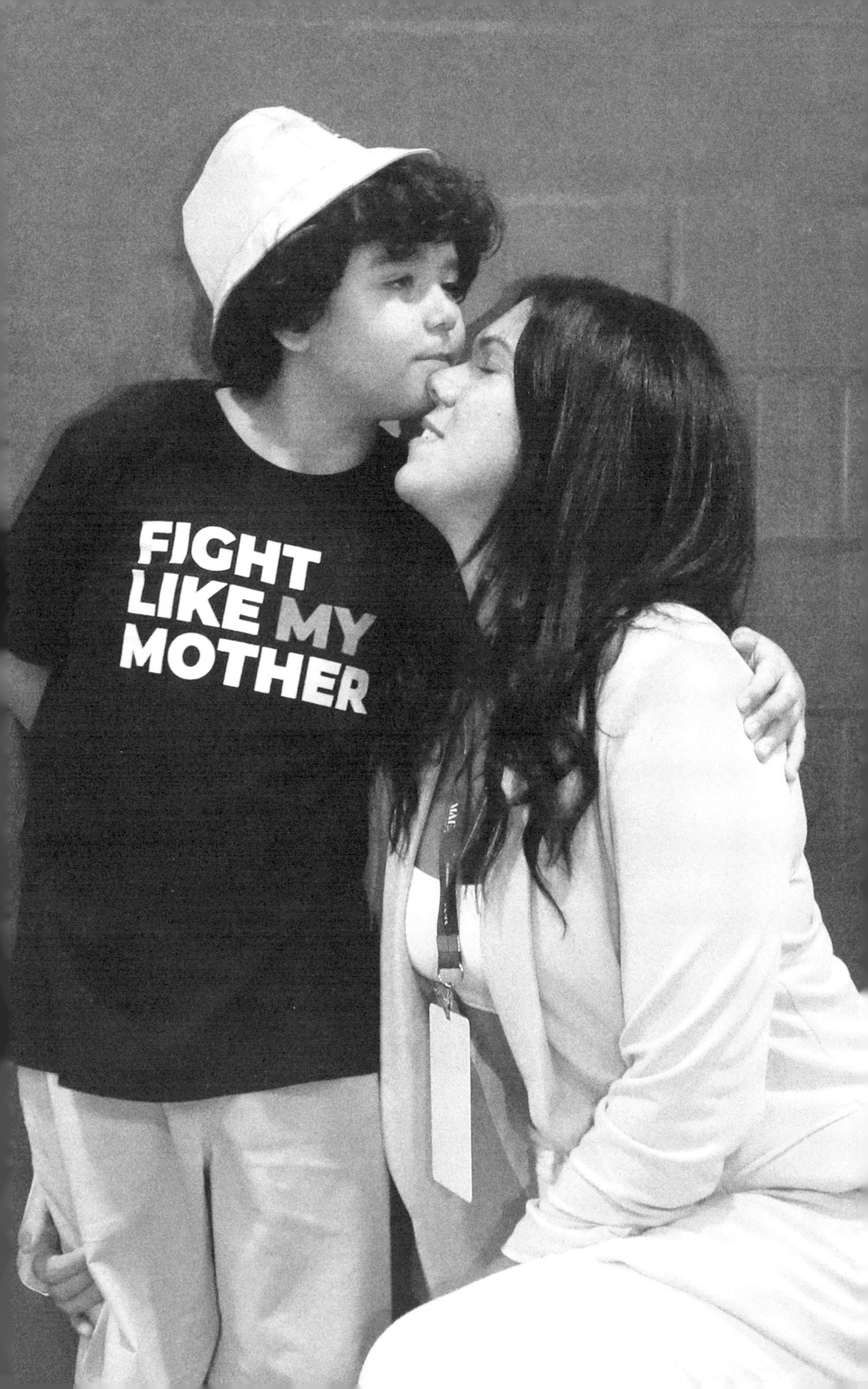
FIGHT
LIKE MY
MOTHER

Conteúdos sugeridos

Livros

O que é meu é seu, de Rachel Bostman e Roo Rogers. Bookman, 2011.

Essencialismo, de Greg McKeown. Editora Sextante, 2015.

Antifrágil, de Nassim Nicholas Taleb. Compahia das Letras, 2020.

A liderança Shakit, de Nilima Bhat e Raj Sisodia. Alta Books, 2019.

Por que fazemos o que fazemos?, de Mario Sergio Cortella. Planeta, 2016.

As cartas de Bezos, de Steve Anderson e Karen Anderson. Editora Sextante, 2020.

O jogo infinito, de Simon Sinek. Editora Sextante, 2020.

Vai lá e faz, de Tiago Mattos. Belas-Letras, 2017.

Dar e receber, de Adam Grant. Editora Sextante, 2014.

O caminho do artista, de Julia Cameron. Editora Sextante, 2017.

A startup *enxuta*, de Eric Ries. Editora Sextante, 2019.

De zero a um, de Peter Thiel e Blake Masters. Objetiva, 2014.

Vídeos

A History of Microfinance, por Muhammad Yunus. TEDx-Vienna, 2012. (Na verdade, indico tudo dele). Disponível em: https://youtu.be/6UCuWxWiMaQ

Construindo uma Tropa de Elite, por Paulo Storani. TEDxMorrodoImperador, 2015. Disponível em: https://youtu.be/XW2Y6JsYpl4

Criando comunidades criativas e colaborativas, por Lala Deheinzelin. TEDxJardinsSalon, 2014. Disponível em: https://youtu.be/HoAi9jjm43w

Podcast

Para dar nome às coisas, por Natália Sousa. Spotify, 2019. Disponível em: https://open.spotify.com/show/7g6BfZvLNQjrj68MNXyDqf?si=88f01a28e73d4820

Instagram

@shelovesfuture, por Monica Magalhaes. Disponível em: https://www.instagram.com/shelovesfuture/

@ofuturodascoisas, por Lília Porto. Disponível em: https://www.instagram.com/ofuturodascoisas/

@ligia_zotini, por Ligia Zotini Mazurkiewicz. Disponível em: https://www.instagram.com/ligia_zotini/

@think.olga, por Think Olga. Disponível em: https://www.instagram.com/think.olga/

De tudo o que você leu, escreva aqui os pensamentos que mais te movimentaram:

_____
_____
_____
_____
_____
_____
_____
_____
_____
_____
_____
_____
_____
_____
_____
_____
_____
_____
_____

Compartilhe as suas inspirações nas redes sociais, usando a #maeporquevocetrabalha

Editora Planeta Brasil | 20 ANOS

Acreditamos nos livros

Este livro foi composto em Montserrat e impresso pela Santa Marta para a Editora Planeta do Brasil em setembro de 2023.